정답 및 해설

듣기 | 제1부분

유형별 전략 01 실전 문제 정답 ▶p.19

1. C **2.** B **3.** A **4.** E **5.** D

A

B

C

D

E

문제 1

女：这个帽子怎么样？和刚才那个比哪个好？ 男：我觉得这白色的更漂亮，就买这个吧。	여: 이 모자 어때? 방금 전 그것과 비교했을 때 어떤 것이 좋아? 남: 내 생각엔 이 하얀색이 더 예쁜 것 같아. 이거 사자.

해설　녹음 시작 부분에 '帽子(모자)'가 어떤지 묻고 있고, 어떤 모자가 더 예쁜지 고르는 내용이 나온다. 따라서 정답은 모자를 고르고 있는 사진인 **C**가 된다. 녹음을 듣기 전에 보기의 사진을 훑어보고 모자가 중국어로 무엇인지 미리 떠올린다면 정답을 찾기 수월하다.

TIP　A 比 B… A bǐ B… A가 B보다 ~하다

문제 2

女：今天有什么新闻吗？ 男：没什么特别的新闻。	여: 오늘 무슨 뉴스 있어? 남: 별로 특별한 뉴스는 없어.

해설　'뉴스, 소식'이라는 뜻을 가진 단어 '新闻'이 녹음 시작 부분에 등장하기 때문에 답은 신문을 보고 있는 사진인 **B**이다. 녹음을 듣기 전에 보기의 사진을 훑어보고 신문이나 뉴스와 관련된 단어를 떠올린다면 정답을 찾기 수월하다.

문제 3

女：这果汁真好喝，你在哪儿买的？ 男：不是买的，是我妈用新鲜水果做的。	여: 이 과일주스 정말 맛있다. 너 어디에서 산 거야? 남: 산 것이 아니라 우리 엄마가 신선한 과일로 만들어주신 거야.

해설　녹음 시작 부분 여자의 말 중 '果汁(과일주스)'라는 단어가 나온다. 따라서 답은 아이가 음료를 마시고 있는 사진인 **A**이다. 녹음을 듣기 전에 보기의 사진을 훑어보고 주스나 음료와 관련된 단어를 떠올린다면 정답을 찾기 수월하다.

문제 **4**

男: 这是菜单，前面这几个都是我们店很有名的菜。 女: 好的，我先看看，一会儿再叫你。	남: 이것은 메뉴입니다. 앞쪽에 이 몇 가지는 모두 우리 상점의 유명한 요리입니다. 여: 알겠습니다. 제가 먼저 좀 보고 잠시 후에 다시 부르겠습니다.

해설 녹음에 '菜单(메뉴)'과 '菜(요리)'가 나오기 때문에 답은 식당에서 메뉴판을 보고 음식을 주문하는 사진인 **E**이다. 녹음을 듣기 전에 보기의 사진을 훑어보고 종업원, 메뉴, 음식 등을 머릿속에 떠올린다면 쉽게 정답을 찾을 수 있다.

TIP 一会儿 + 동사: 잠시 후에 ~하다

문제 5

男: 妈，你别走，我一个人不敢骑。 女: 别害怕，眼睛看前面，慢慢地骑。	남: 엄마, 가지 마세요. 저는 감히 혼자 탈 수 없어요. 여: 무서워하지 마. 눈은 앞을 보고 천천히 타.

해설 녹음에 '타다'라는 동사 '骑'가 반복적으로 나오고 있다. '骑'는 주로 동물이나 자전거 등에 탈 때 사용하기 때문에 답은 자전거를 타고 있는 사진인 **D**이다. 비록 '自行车(자전거)'라는 단어가 직접적으로 나오지 않았지만, 녹음을 듣기 전에 보기의 사진을 훑어보고 '骑自行车(자전거를 타다)'라는 문장을 묶어서 떠올린다면 정답을 찾기 수월하다.

유형별 전략 02 실전 문제 정답 ▶p.23

1. A   **2.** D   **3.** C   **4.** E   **5.** B

A

B

C

D

E

문제 1

男: 医生，我的左腿最近一直很疼。 女: 来，我先检查一下，是这个地方疼吗?	남: 의사선생님, 제 왼쪽 다리가 요즘 계속 아파요. 여: 와보세요. 제가 먼저 검사를 한번 해볼게요. 여기가 아픈가요?

해설 남자의 말에서 '腿(다리)'를 제대로 들었어야 문제를 풀 수 있다. 여자의 말만 들으면 다른 사진과도 상황이 맞을 수 있기 때문에 '腿'를 듣고 다리가 나와있는 사진 **A**를 고른다. 사진을 훑어보고 '다리'가 중국어로 무엇인지 미리 생각해두자. 상태, 상황과 관련된 문제 역시 사진에 보이는 단어가 대부분 녹음에 그대로 등장하니 정답을 찾기 수월할 것이다.

TIP 동사 + 一下: 한번 좀 ~해보다

男: 你是不是感冒了? 女: 可能是，昨天没带伞，早上起床时鼻子就 　　不舒服。	남: 너 감기 걸린 것 아니야? 여: 아마도. 어제 우산을 가져가지 않아서 아침에 일어났을 때 　　코가 불편했어.

해설　남자의 말에서 '感冒(감기)'를 통해 힌트를 얻을 수 있고 여자의 마지막 말에 '鼻子(코)'가 직접적으로 나왔기 때문에 코를 풀고 있는 사진인 **D**가 정답이다. 보기에 아파 보이는 사진이 많기 때문에 어디가 아픈지 각각의 신체 부위를 정확히 들어야만 헷갈리지 않고 정답을 고를 수 있다!

TIP　是不是…?　shìbúshì…?　~인 것 아니야?

女: 眼药水用了吗? 有没有作用? 男: 有作用，现在眼睛已经不红了。	여: 안약 사용했어? 효과가 있어 없어? 남: 효과 있어. 지금 눈이 이미 빨갛지 않게 되었어.

해설　여자의 첫마디에서 '眼药水(안약)'가 나왔지만 3급에서 자주 등장하는 단어가 아니기 때문에 못 듣고 지나쳤을 수 있다. 하지만 남자의 말에서 '眼睛(눈)'이 한 번 더 나오기 때문에 안약을 넣고 있는 사진인 **C**가 답이라는 것을 알 수 있다.

TIP　已经 + 동사 + 了: 이미 '동사'했다 [완료]
 已经 + 형용사 + 了: 이미 '형용사'해졌다 [변화]

男: 妈，那家公司让我明天去上班。 女: 太好了，真为你高兴。	남: 엄마, 그 회사가 저보고 내일부터 출근하래요. 여: 정말 잘 됐다. 축하한다!

해설　'让(~하게 하다, 시키다)'이라는 표현을 정확하게 알았으면 내용 파악이 더 쉬웠겠지만 '公司(회사)'와 '上班(출근하다)'이라는 단어만 봐도 정장을 입고 기뻐하는 사진인 **E**가 정답에 가장 가깝다는 것을 알 수 있다.

TIP　'真为你高兴(zhēn wèi nǐ gāoxìng)'은 상대방이 좋은 일이 생겼을 때 축하하는 표현이다.

男: 吃块儿糖吧，很好吃。 女: 不吃，我最近牙疼，不敢吃甜的。	남: 사탕 한 조각 먹어. 맛있어. 여: 안 먹어. 나 요즘 이가 아파서 단 것을 함부로 먹지 못 해.

해설　남자의 말만 들어서는 어떤 사진을 찾아야 할지 쉽게 예상이 되지 않는다. 하지만 여자가 뒤이어 '牙疼(이가 아프다)'이라고 말했기 때문에 이를 감싼 채 아파하고 있는 사진인 **B**가 답이다.

유형별 전략 03 실전 문제 정답 ▶p.26

1. B   **2.** E   **3.** D   **4.** A   **5.** C

A

B

C

D

E

문제 1

| 女: 你今天怎么走楼梯上来呢?
 男: 没办法, 电梯坏了, 只能走上去了。 | 여: 너 오늘 어째서 계단을 걸어서 올라와?
 남: 방법이 없어. 엘리베이터가 고장 나서 걸어갈 수밖에 없었어. |

해설 어째서 오늘 '楼梯(계단)'를 걸어 올라오는지 묻고 있기 때문에 계단 사진이 있는 **B**가 답이다. 만약 계단이란 단어를 몰랐을 경우, 다른 사진으로는 걷는 내용을 유추하기 어렵기 때문에 '走上去(걸어 올라가다)'라는 부분을 통해서도 답을 찾을 수 있다.

TIP 명사 + 坏了: ~이 고장 나다, 썩다

문제 2

| 男: 你早上一般吃什么?
 女: 鸡蛋、面包, 喝一杯咖啡。你呢? | 남: 너 아침에 보통 뭐 먹어?
 여: 달걀, 빵이랑 커피 한 잔 마셔, 너는? |

해설 먹는 것과 관련된 사진은 E 하나뿐이기 때문에 정답은 **E**이다. '吃(먹다)'라는 표현 외에도 달걀, 빵과 같은 음식이 나열되었기 때문에 이와 같은 표현을 듣고 답을 찾아주면 된다.

문제 3

| 男: 你来看, 比一个月前瘦了十斤。
 女: 真不错, 我也应该多运动运动啊。 | 남: 너 와서 봐, 한 달 전보다 열 근(5kg)이 빠졌어.
 여: 정말 괜찮다. 나도 운동 좀 열심히 해야겠어. |

해설 남자가 와서 살이 빠진 것을 보라고 하기 때문에 체중계가 있는 사진 **D**가 정답이다. '运动(운동하다)'만 들었으면 계단 사진이 있는 B와 헷갈릴 수 있기 때문에 살이 찌고 빠지는 것과 관련된 단어를 잘 기억해두자.

TIP 형용사 + 了: ~해졌다 [변화]
 ⓐ 胖了 pàng le 뚱뚱해졌다

| 男: 这个礼物是送给我的吗? | 남: 이 선물 나에게 주는 거야? |
| 女: 当然，祝你生日快乐! | 여: 당연하지, 생일 축하해! |

해설 남자의 말에서 '礼物(선물)'와 여자의 '祝你生日快乐(생일 축하해)'라는 표현을 통해 답은 선물을 들고 있는 사진인 **A**라는 것을 알 수 있다.

TIP 送给 + 대상: ~에게 주다, 보내다

| 女: 你家的小狗真可爱啊! | 여: 너희 집 강아지 정말 귀엽다! |
| 男: 它是我女儿的好朋友。 | 남: 얘는 내 딸의 좋은 친구야. |

해설 여자가 '小狗(강아지)'라고 직접적으로 언급을 했기 때문에 강아지를 안고 있는 사진인 **C**가 정답이다.

TIP 它 tā 사람 이외의 사물이나 동물을 가리킬 때 쓰는 지시대명사

유형별 전략 04 실전 문제 정답 ▶p.30

1. C **2.** A **3.** E **4.** D **5.** B

A

B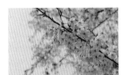

C

D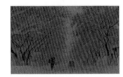

E

| 男: 天气变冷了。你多穿点儿衣服。 | 남: 날씨가 추워졌어. 너 옷을 좀 많이 입어. |
| 女: 不用担心，我不怕冷。 | 여: 걱정하지 마, 나는 추운 것이 무섭지 않아. |

해설 남자는 날이 추워졌으니 옷을 많이 입으라고 말하고 있다. 보기 중 추위와 관련된 사진은 털모자를 쓰고 추위에 떨고 있는 사진인 **C**이다. 눈이 내린 D 사진과 헷갈릴 수 있지만 눈에 관련된 사진이 나오면 대체적으로 눈이라는 단어 '雪(눈)'가 직접적으로 들린다. 정답에 더 근접한 사진을 고르자!

문제 2 ▶

| 男: 女儿今天上学没带伞。
女: 没关系，我等会儿去接她。 | 남: 딸이 오늘 등교할 때 우산을 가져가지 않았어.
여: 괜찮아, 내가 좀 기다렸다가 그녀를 마중하러 갈게. |

해설　'伞(우산)'을 가져가지 않았다는 내용을 통해 우산이 있는 사진 A를 정답으로 고를 수 있다. 만약 '伞'을 듣지 못했다면 아이를 '接(마중하다)'한다는 내용을 듣고 유추하여 엄마가 아이에게 우산을 씌워주고 있는 사진인 **A**를 고른다.

TIP　'接'는 '연결하다'라는 뜻도 있지만 '마중하다, 맞이하다'라는 의미도 있다.

문제 3 ▶

| 女: 秋游的东西你准备完了吗?
男: 早就准备完了，我相信你也准备好了。 | 여: 너 가을 소풍 물건(준비물) 준비 다 했지?
남: 일찍이 준비 다 했어. 너도 준비를 잘 했을 거라고 믿어. |

해설　'秋游'는 '가을 소풍 가다, 가을 나들이를 가다'라는 뜻으로 '秋天(가을)'과 '旅游(여행)'가 결합된 단어이다. 이를 통해 현재 계절이 가을이라는 것을 알 수 있고, 따라서 보기에 단풍과 소풍바구니가 있는 사진인 **E**가 정답이다.

문제 4 ▶

| 男: 下大雪了，你还是别出去了。
女: 没事，朋友家离这儿很近。 | 남: 눈이 많이 내렸어. 너 나가지 않는 것이 낫겠다.
여: 괜찮아요, 친구 집은 여기에서 가까워요. |

해설　남자의 첫마디에서 '下雪(눈이 내렸다)'라는 내용을 통해 눈이 많이 내려서 온통 새하얀 풍경 사진인 **D**를 찾아준다.

TIP　① 눈이나 비가 많이 온다는 것은 '多'가 아니라 '大'로 표현한다.
② 离 + 기준점: 기준점에서부터 거리가 ~하다

문제 5 ▶

| 女: 今天天气真暖和。
男: 又一个春天来了，这是我最喜欢的季节。 | 여: 오늘 날씨가 정말 따뜻하다.
남: 또 봄이 왔어. 내가 가장 좋아하는 계절이야. |

해설　여자는 날씨가 '暖和(따뜻하다)'하다고 말하고 있으며, 남자의 말에서도 '春天(봄)'이라는 단어가 직접적으로 나오기 때문에 꽃이 피어 있는 사진인 **B**가 정답이다.

TIP　春天 chūntiān 봄 | 夏天 xiàtiān 여름 | 秋天 qiūtiān 가을 | 冬天 dōngtiān 겨울

1. B **2.** D **3.** C **4.** E **5.** A

6. E **7.** B **8.** C **9.** A **10.** D

 문제 **1-5**

A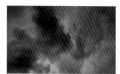

B

C

D

E

문제 **1**

| 女：喝点儿水吧，今天踢得怎么样？ | 여: 물 좀 마셔, 오늘 (공을) 찬 것이 어땠어? |
| 男：我们班的水平比他们高，我们进了五个球！ | 남: 우리 반 수준이 그들보다 높아. 우리가 5골을 넣었어! |

해설　'踢'는 '공을 차다'라는 뜻으로 '축구를 하다'라는 의미를 갖는다. 따라서 축구화와 공이 있는 사진 **B**가 정답이다.

문제 **2**

| 女：十三床的病人今天好些了吗？ | 여: 13번 침대 환자 오늘 좀 좋아졌어요? |
| 男：好多了，后天应该可以出院了。 | 남: 많이 좋아졌어요. 모레 아마 퇴원할 수 있을 거예요. |

해설　'病人(환자)'과 '出院(퇴원하다)' 모두 병원과 관련된 단어이기 때문에 의사 두 명이 이야기를 나누고 있는 사진인 **D**가 정답이다. 상황별로 자주 등장하는 관련 단어를 기억해두면 쉽게 답을 찾을 수 있다.

문제 **3**

| 男：妈，祝你生日快乐！ | 남: 엄마, 생신 축하드려요! |
| 女：谢谢你，谢谢你的礼物。 | 여: 고맙구나. 너의 선물 고마워. |

해설　녹음 내용을 보면 엄마의 생일을 축하하고 있고, 대답으로 생일 선물에 고맙다고 한 내용을 통해 선물이 있는 사진 **C**가 정답이다.

문제 **4**

| 男：怎么样？您满意吗？ | 남: 어때요? 만족하세요? |
| 女：还好，如果这边的头发再长点儿就更好了。 | 여: 그런대로 괜찮아요. 이쪽 머리카락이 조금 더 길었으면 더 좋았을 거예요. |

해설　남자가 무언가에 대해서 '满意(만족하다)'라고 물어보았고, 여자가 '这边的头发(이쪽 머리카락)'라고 대답한 것을 통해 미용실에서 머리를 하고 있는 상황이라는 것을 유추할 수 있다. 따라서 정답은 **E**이다.

문제 5 ▶

| 男: 刚才还是晴天，怎么突然就阴了，可能一会儿要下雨。
女: 没关系，我带了伞。 | 남: 방금 전에는 날씨가 그래도 맑았는데 어째서 갑자기 흐려졌지. 아마 곧 비가 내릴 거야.
여: 괜찮아. 나 우산 챙겼어. |

해설 '阴了(날이 흐려졌다)'와 '一会儿要下雨(곧 비가 올 것이다)'라는 내용을 통해서 먹구름이 끼어있는 사진인 **A**가 정답이다. 곧 비가 내릴 것이라는 표현은 여러 가지가 있기 때문에 잘 외워두도록 하자.

문제 6-10 ▶

A

B

C

D

E

문제 6 ▶

| 男: 您好，这是您的苹果，一共十三元七角。
女: 好的，给你钱。 | 남: 안녕하세요? 이것은 당신의 사과입니다. 총 13.7위안입니다.
여: 알겠어요. 돈을 드릴게요. |

해설 남자가 사과를 건네며 가격을 이야기하고 있다. 다른 보기들은 녹음 내용과 전혀 관련이 없는 사진이므로 '苹果(사과)'를 듣고 남자가 사과를 들고 있는 사진인 **E**를 찾아주면 된다.

문제 7 ▶

| 女: 你的腿好些了吗？
男: 好多了，今天天气很不错，我们出去走走吧。 | 여: 네 다리는 좀 좋아졌어?
남: 많이 좋아졌어. 오늘 날씨 좋은데, 우리 나가서 좀 걷자. |

해설 여자는 남자의 다리가 괜찮은지 묻고 있다. '腿(다리)'라는 핵심 단어를 잘 들어야 정답을 고를 수 있는 문제이기 때문에 항상 한 단어라도 잘 들을 수 있도록 집중해야 한다. 따라서 다리가 불편해 보이는 사진인 **B**가 정답이다.

문제 8 ▶

| 女: 你在想什么呢？
男: 没什么，我在想这次运动会在哪儿举行比较好。 | 여: 너 무슨 생각하고 있어?
남: 아무것도 아니야. 나는 이번 운동회를 어디에서 개최하는 것이 비교적 괜찮을지 생각하고 있어. |

해설 질문과 대답에서 '想'이 반복해서 등장하고 있다. '想'은 동사로 '생각하다'라는 의미를 가진다. 따라서 남자가 무언가 골똘히 고민하고 있는 사진인 **C**가 정답이 된다.

TIP 在 + 동사: ~하고 있는 중이다 [진행]

女: 雨下得越来越大了。 男: 我们坐出租车回去吧。	여: 비가 점점 더 많이 와. 남: 우리 택시 타고 돌아가자.

해설 비가 내리는 정도가 점점 더 많아진다는 내용이므로 우산을 쓰고 있는 사진인 **A**가 정답이다. 이처럼 앞부분에 답을 찾을 수 있는 키워드가 나올 수 있기 때문에 처음부터 집중하고 들어야 한다.

TIP 越来越…了 yuèláiyuè…le 점점 더 ~해졌다

男: 妈妈，你来看，我比上个月高了多少？ 女: 等一下，我马上就来。	남: 엄마, 와서 보세요. 저 지난달보다 얼마나 커졌어요? 여: 잠시만 기다려, 곧 갈게.

해설 지난달에 비해 키가 얼마나 커졌는지 묻고 있다. '高'는 '높다'라는 뜻도 있지만 '키가 크다'라는 뜻도 있기 때문에 아이의 키를 재고 있는 사진인 **D**가 답이 된다.

TIP 형용사 + 了: ~해졌다 [변화]

듣기 | 제2부분

유형별 전략 01 실전 문제 정답 ▶p.42

1. √	**2.** √	**3.** √	**4.** X	**5.** X

★ 他家附近有条小河。　　（　　　）	★ 그의 집 근처에는 작은 강이 하나 있다.
在我家南边，离我家不远，有一条小河。河边有很多苹果树，还有一块儿草地，以前我经常去那儿玩儿。	우리 집 남쪽, 우리 집에서 멀지 않은 곳에 작은 강 하나가 있다. 강가에는 많은 사과나무가 있고, 또 풀숲이 하나 있다. 이전에 나는 종종 그곳에 가서 놀았다.

해설 '附近(근처)'과 '离我家不远(우리 집에서 멀지 않다)'은 모두 가깝다는 의미를 나타내기 때문에 답은 √이다.

TIP 离 + 기준점(A) + 거리: A에서부터 거리가 ~하다

문제 2

★ 他决定去国外工作两年。　　（　　　）	★ 그는 해외에 나가 2년 동안 일을 하기로 결정했다.
会议结束后，经理问我愿不愿意去国外的公司工作两年。我觉得这是一次很好的机会就同意了。	회의가 끝난 후, 사장님이 나에게 해외 회사에 가서 2년 동안 일하길 원하는지 물었다. 나는 이것이 하나의 좋은 기회라고 생각해서 바로 동의했다.

해설　녹음 내용 중 '**同意**(동의하다)'라는 표현은 문제의 '**决定**(결정하다)'에 속하는 의미이기 때문에 그가 해외에 나가기로 동의하고, 결정했음을 알 수 있다. 따라서 답은 ✓이다.

문제 3

★ 八月十五的月亮很大。　　（　　　）	★ 8월 15일의 달은 크다.
八月十五的晚上，月亮就像一个黄色的大盘子，真漂亮。在这一天，中国人喜欢和家里人一起吃饭，一起看月亮。	8월 15일 저녁, 달은 큰 노란색 쟁반처럼 정말 예쁘다. 이 날에 중국인들은 가족과 함께 밥을 먹고, 함께 달을 보는 것을 좋아한다.

해설　녹음에서 8월 15일의 달은 '**像一个黄色的大盘子**(큰 노란색 쟁반처럼)'라고 비유했는데 문제에서도 마찬가지로 '**大**(크다)'라는 표현을 사용했기 때문에 답은 ✓이다.

TIP　像 xiàng ~와 같다, ~와 닮다

문제 4

★ 儿子还没起床。　　（　　　）	★ 아들은 아직 일어나지 않았다.
儿子，都十点一刻了，节目也演完了，快去洗脸、刷牙，准备睡觉了。	아들, 10시 15분이 다 되었어. 프로그램도 상영이 끝났으니 얼른 가서 세수하고, 이 닦고 잘 준비해.

해설　문제는 '**还没起床**(아직 일어나지 않았다)'이라고 했는데 녹음에서는 잘 준비를 하라고 하기 때문에 아직 잠을 자지 않는다는 것을 알 수 있다. 따라서 답은 **X**이다.

문제 5

★ 手表像以前那么重要。　　（　　　）	★ 손목시계는 이전처럼 그렇게 중요하다.
以前人们用手表看时间，手机出现后，人们发现用手机看时间也方便，所以很多人不用手表了。	이전에 사람들은 손목시계를 이용해서 시간을 봤다. 휴대전화가 출현한 후, 사람들은 휴대전화를 사용해서 시간을 보는 것 역시 편리하다는 것을 발견했다. 그래서 많은 사람들은 손목시계가 필요 없어졌다.

해설　녹음에서는 휴대전화가 편리하다는 것을 발견한 후부터 사람들은 손목시계가 필요 없어졌다고 언급했기 때문에 손목시계는 이전만큼 중요하다는 문제는 옳지 않다. 답은 **X**이다.

1. X   **2.** X   **3.** X   **4.** √   **5.** √

문제 1

★ 他和小李差两岁。 ( )	★ 그와 샤오리는 두 살 차이가 난다.
大家都说小李比我大一岁，但其实他只比我大一个月，因为他的生日在十二月，我的生日在第二年的一月。	모두들 샤오리가 나보다 한 살 많다고 말하지만 사실 그는 단지 나보다 한 달이 많다. 왜냐하면 그의 생일은 12월에 있고, 내 생일은 그 다음 해 1월에 있기 때문이다.

해설 질문을 통해 나이와 관련된 내용이 나올 것이라 예상할 수 있다. 나이가 많다는 표현은 중국어로 '多(많다)'가 아닌 '大(크다)'로 표현한다. 뒤쪽 내용을 잘 듣지 못했어도 '他只比我大一个月(그는 단지 나보다 한 달이 많다)'라는 표현을 정확히 들었다면 답이 X임을 쉽게 알 수 있다.

TIP '差'는 형용사로 '나쁘다'라는 뜻도 있지만 숫자와 쓰일 경우엔 '모자라다, 부족하다, 차이가 난다' 등의 의미를 가진다.

문제 2

★ 姐姐早上只吃一个苹果。 ( )	★ 언니는 아침에 오직 사과 한 개만 먹는다.
姐姐早上吃得很简单，一般只吃两个鸡蛋、一块儿面包，喝一杯咖啡，有时候是一杯牛奶。	언니는 아침에 간단하게 먹는다. 보통 달걀 두 개, 빵 한 조각만 먹고, 커피 한 잔을 마시고 가끔 우유 한 잔을 마신다.

해설 언니가 간단하게 먹는 것은 맞지만 매일 아침 사과 한 개만 먹는 것은 아니며, 녹음에서는 '苹果(사과)'라는 단어조차 등장하지 않았기 때문에 답은 X이다.

문제 3

★ 宾馆南边有个公园。 ( )	★ 호텔 남쪽에는 공원 하나가 있다.
这个宾馆的东边有一个公园，奇怪的是，这张地图上，公园在宾馆的西边了。	이 호텔의 동쪽에는 공원 하나가 있다. 이상한 것은, 이 지도 상에서 공원은 호텔의 서쪽에 있다.

해설 방위사를 정확하게 들어야 풀 수 있는 문제이다. 방위사를 정확하게 계산하라는 문제는 나오지 않기 때문에 질문에 나온 방위사가 녹음 내용에 나오는지 귀 기울여 들으면 된다. 녹음에서는 '宾馆的东边有一个公园(호텔의 동쪽에 공원이 있다)'고 말했지만 문제에서는 '宾馆南边有个公园(호텔의 남쪽에 공원이 있다)'인지 물었기 때문에 답은 X이다.

문제 4

★ 他要去学校。 ( )	★ 그는 학교에 갈 것이다.
那件事电话里讲不明白，我们还是见面说吧，半个小时后我到学校，你在教室等我。	그 일은 전화상으로 명확하게 이야기할 수가 없어. 우리 아무래도 만나서 얘기하는 것이 낫겠다. 30분 후에 나는 학교에 도착해. 너 교실에서 나를 기다려.

해설 문제를 미리 해석해서 주어가 가려고 하는 장소가 녹음 내용과 일치하는지 확인하면 문제를 좀 더 수월하게 풀 수 있다. 녹음에는 '去(가다)'가 직접 나오지 않았지만 30분 후에 도착하는 장소가 '学校(학교)'이기 때문에 그가 가려는 장소가 학교라는 것을 알 수 있다. 따라서 답은 √이다.

문제 5

★ 这是辆旧车。　　　　　（　　　）	★ 이것은 낡은 차이다.
这辆车现在能卖十五万块钱吧，我三年前买的时候花了三十多万。	이 차는 현재 15만 위안 정도에 팔릴 것이다. 내가 3년 전에 살 때 30만 위안 정도를 썼다.

해설　차에 대해 설명하고 있다. '我三年前买的时候(내가 3년 전에 살 때)'라는 표현으로 미루어 봤을 때 이 차는 새 차가 아닌 중고차임을 알 수 있다. 개인적인 생각으로 3년 정도면 낡은 차가 아니라고 생각될 수 있지만, 이미 산 이후로 시간이 지난 상태이기 때문에 낡은 차가 맞다.

TIP　듣기는 녹음 내용을 토대로 문제를 풀어야 한다. 절대로 자기 주관적인 생각을 넣어서 문제를 풀면 안 된다.

유형별 전략 03 실전 문제 정답 ▶p.49

1. X　　　**2.** √　　　**3.** X　　　**4.** X　　　**5.** √

문제 1

★ 出现问题必须找人帮忙。　（　　　）	★ 문제가 출현하면 반드시 다른 사람의 도움을 구해야 한다.
遇到问题的时候应该自己多想想办法，不能总是让别人帮忙解决问题。	문제를 마주쳤을 때 마땅히 스스로 방법을 많이 생각해봐야 한다. 항상 다른 사람의 도움으로 문제를 해결할 수는 없다.

해설　문제에 '必须(반드시)'라는 의미를 가진 단어가 나오면 오답인지 한번 의심해봐야 한다. 녹음 내용에도 매번 다른 사람의 도움을 구하기보다는 '自己多想办法(스스로 방법을 많이 생각해봐야 한다)'라고 했기 때문에 답은 X이다.

문제 2

★ 经理很年轻。　　　　　（　　　）	★ 사장은 젊다.
不是中间，站在后面的这个人才是我们公司新来的经理，他很年轻，今年才四十岁。	가운데가 아니라 뒤쪽에 서있는 이 사람이 우리 회사 새로 온 사장인데, 그는 젊어. 올해 겨우 40살밖에 되지 않았어.

해설　문제를 해석해서 녹음을 통해 사장이 젊은지 아닌지 판단할 준비를 하자. 문제와 녹음에 '很年轻(그가 젊다)'이라는 표현이 똑같이 등장했고, '才 + 숫자'는 뒤에 있는 수가 비교적 적다는 의미를 갖기 때문에 답은 √이다.

TIP　'才 + 숫자'는 수가 비교적 적다는 의미를 가진다.

문제 3

★ 他妹妹是中学生。　　　（　　　）	★ 그의 여동생은 중학생이다.
我妹妹是零八年参加工作的，她一开始是小学老师，现在是一家电脑公司的经理。	내 여동생은 08년도에 취직했다. 그녀가 처음 시작한 것은 초등학교 선생님이다. 현재는 한 컴퓨터 회사의 사장이다.

해설 문제를 먼저 보고 녹음을 들을 때 화자의 여동생이 중학생인지 아닌지 판단하자. 녹음에서 일을 처음 시작할 때는 '小学老师(초등학교 선생님)'이었고 현재는 '经理(사장)'라고 했으니 정답은 X이다. '小学老师'과 '中学生'이 헷갈릴 수도 있으니 주의해야 한다.

TIP '参加工作(일에 참가하다)'는 '취직하다'라는 의미이다.

문제 4

★ 女儿喜欢小猫。　　　（　　　）	★ 딸은 고양이를 좋아한다.
我家有一只小狗，胖胖的，很可爱，女儿非常喜欢和它一起玩儿。	우리 집에는 강아지 한 마리가 있는데 통통하고, 아주 귀엽다. 딸은 그것(강아지)과 같이 노는 것을 매우 좋아한다.

해설 문제를 먼저 보고 딸이 고양이를 좋아하는지 안 좋아하는지 또는 다른 동물을 좋아하는 건 아닌지 유념하며 들어야 한다. 녹음에서 집에는 고양이가 아닌 강아지가 있다고 했기 때문에 답은 X이다.

TIP 양사 '只'는 동물이나 짐승을 셀 때 쓰인다. '只'는 '오직, 단지'라는 의미의 부사로 쓰일 때는 3성 'zhǐ'라고 발음하지만, 양사로 쓰일 때는 1성 'zhī'라고 발음되기 때문에 주의해야 한다.

문제 5

★ 香蕉和苹果不能长时间放在一起。（　　　）	★ 바나나와 사과는 긴 시간 같이 놓아서는 안 된다.
我发现有些水果不能放在一起，拿香蕉和苹果来说吧，如果很长时间放在一起，香蕉很容易变坏。	나는 일부 과일을 같이 놓을 수 없다는 것을 발견했다. 바나나와 사과를 가지고 말해보자면, 만약 긴 시간 같이 놓는다면 바나나는 쉽게 썩을 것이다.

해설 문제를 빠르게 읽은 후 녹음 내용을 통해서 과일을 함께 놓아도 되는지의 여부와 그 과일이 '香蕉(바나나)'와 '苹果(사과)'가 맞는지도 확인해야 한다. 도입부에 '有些水果不能放在一起(일부 과일은 함께 놓을 수 없다)'라고 하며 바로 뒤에 사과와 바나나를 가지고 이야기해보겠다는 내용이 나오므로 답은 √이다.

TIP 拿…来说 ná…láishuō ～을 가지고 말해보자면

유형별 전략 04 실전 문제 정답 ▶p.53

1. X　　**2.** √　　**3.** X　　**4.** √　　**5.** X

문제 1

★ 小李下班后要去北京。　　　（　　　）	★ 샤오리는 퇴근 후에 베이징에 갈 것이다.
小李，你下班后没其他事吧？那跟我去机场接几位北京来的客人。	샤오리, 퇴근 후에 다른 일 없죠? 그러면 저랑 베이징에서 오는 몇 분의 손님을 모시러 공항에 가요.

해설 샤오리가 퇴근 후 어디에 가는지 잘 들어야 한다. 샤오리가 베이징에 가는 것이 아니라 베이징에서 오는 손님들은 맞이하러 공항에 가는 것이기 때문에 답은 X이다.

문제 2

★ 图书馆的环境比较好。 　　　(　)	★ 도서관의 환경이 비교적 좋다.
因为图书馆比较安静，所以很多人都喜欢去那儿学习。	도서관이 비교적 조용하기 때문에, 그래서 많은 사람들은 그곳에 가서 공부하는 것을 좋아한다.

해설　도서관이 비교적 조용해서 사람들이 가서 공부하기를 좋아한다는 내용을 바탕으로 도서관 환경이 비교적 좋다는 것을 유추할 수 있다. 따라서 답은 ✓이다.

TIP　因为 A, 所以 B yīnwèi A, suǒyǐ B 왜냐하면 A하기 때문에 그래서 B하다

문제 3

★ 他喜欢喝牛奶。 　　　(　)	★ 그는 우유 마시는 것을 좋아한다.
过去，他喜欢每天早上起床后，一边吃苹果，一边看电视。现在，他没有这个习惯，因为太忙了，没时间。	과거에 그는 매일 아침 기상한 후에 사과를 먹으면서 TV 보는 것을 좋아했다. 현재 그는 이 습관이 없다. 왜냐하면 너무 바빠서 시간이 없기 때문이다.

해설　문제를 미리 보고 녹음 내용을 통해 그가 우유 마시는 것을 좋아하는지 유추해야 한다. 우선 '牛奶(우유)'라는 단어가 녹음에 언급되지 않았고, 과거에는 그가 일어나서 사과를 먹으며 TV를 보는 습관이 있었지만 현재는 그 습관이 없다는 내용으로는 우유를 좋아한다고 유추할 수도 없다. 따라서 답은 X이다.

문제 4

★ 他在画小狗。 　　　(　)	★ 그는 강아지를 그리고 있다.
把桌子上的铅笔给我，谢谢。眼睛、鼻子都画完了，现在该画这只小狗的耳朵了。	책상 위의 연필을 나에게 줘, 고마워. 눈과 코를 다 그렸어. 지금은 이 강아지의 귀를 그려야 해.

해설　그가 연필로 눈, 코를 그렸고 이제는 강아지의 귀를 그릴 차례라며 강아지를 언급했기 때문에 그가 강아지를 그리고 있다는 것을 알 수 있다. 문제에도 등장하는 '小狗(강아지)'라는 단어를 잘 들었다면 쉽게 답을 고를 수 있을 것이다. 답은 ✓이다.

TIP　[把 + 목적어] + 술어 + 给 + 대상: (목적어)를 (대상)에게 (술어)하다

문제 5

★ 这儿的人不习惯说左右。 　　　(　)	★ 이곳의 사람들은 왼쪽, 오른쪽이라고 말하는 것이 습관되지 않았다.
这里的人不习惯说东西南北，只说左或者右。我和朋友们找司机问路，他们总是回答向左走或者向右走。	이곳의 사람들은 동, 서, 남, 북이라고 말하는 것이 습관되지 않았다. 오직 왼쪽 또는 오른쪽이라고 말한다. 나와 친구들이 운전기사를 찾아 길을 물어보면 그들은 항상 왼쪽을 향해 걸어라 혹은 오른쪽을 향해 걸으라고 대답한다.

해설　문제에서는 '不习惯说左右(왼쪽, 오른쪽이라고 말하는 것이 습관되지 않았다)'라고 했지만 녹음 시작 부분에서 이곳의 사람들은 '东西南北(동, 서, 남, 북)'라고 말하는 것이 습관되지 않았다고 하며 오직 왼쪽 또는 오른쪽이라고 말한다고 했으므로 답은 X라는 것을 알 수 있다.

1. √　　　**2.** X　　　**3.** √　　　**4.** X　　　**5.** X

문제 1 ▶

| ★ 他觉得小时候的日子最快乐。 　　（　　　） | ★ 그는 어렸을 때가 가장 즐겁다고 생각한다. |
| 孩子的世界其实很简单，生气了就哭，高兴了就笑，也不用担心什么事情，所以我觉得小时候的日子是最快乐的。 | 아이들의 세계는 사실 단순하다. 화가 나면 울고, 기쁘면 웃는다. 어떤 일이든 걱정할 필요도 없다. 그래서 나는 어렸을 때가 가장 즐겁다고 생각한다. |

해설 　그의 어렸을 때에 대한 생각이 어떠한지 녹음 내용에서 찾아야 한다. 아이들의 세계는 느끼는 감정 그대로 표현하면 되기 때문에 단순하다고 하며 마지막에 '所以我觉得小时候的日子是最快乐的(그래서 나는 어렸을 때가 가장 즐겁다고 생각한다)'라고 했다. 문제와 지문 모두 '觉得(생각하다)'가 등장했고, '快乐(즐겁다)'라는 감정 관련 어휘도 똑같이 나왔다. 만약 문제를 훑어보고 말하는 이의 생각을 묻는 문제임을 파악한 후에 녹음을 듣는다면, 녹음 내용 속 '觉得' 부분을 집중해서 듣고 답을 고르기 수월했을 것이다. 따라서 답은 √이다.

TIP　…了就… …le jiù… ～하면 바로 ～한다

문제 2 ▶

| ★ 着急的时候不会哭。 　　（　　　） | ★ 급할 때는 울지 않을 것이다. |
| 哭，不一定表示难过，有的人着急的时候会哭，有的人高兴的时候也会哭。 | 운다는 것이 반드시 힘들다는 것을 표시하는 것은 아니다. 어떤 사람은 급할 때 울 것이고, 어떤 사람은 기쁠 때도 울 것이다. |

해설 　운다는 것이 슬픈 감정만 나타내는 것은 아니다. 다양한 상황에서 울 수 있기 때문에 운다고 꼭 슬프다고 단정할 수는 없다. 따라서 문제를 먼저 본 후 녹음 내용 중 우는 상황에 대해서 더 주의해서 들었다면 '有的人着急的时候会哭(어떤 사람은 급할 때 울 것이다)'라는 부분이 들렸을 것이다. 따라서 답은 X이다.

문제 3 ▶

| ★ 他喜欢小猫。 　　（　　　） | ★ 그는 새끼 고양이를 좋아한다. |
| 我有一只小猫，和它在一起的时间越久，我越觉得它聪明、可爱。 | 나는 새끼 고양이 한 마리가 있다. 그(고양이)와 같이 있는 시간이 길수록 나는 더욱 그(고양이)가 똑똑하고 귀엽다고 생각한다. |

해설 　우선 문제에 감정과 관련된 단어인 '喜欢(좋아하다)'이 등장했다. 따라서 녹음 내용도 그 대상인 '小猫(새끼 고양이)'에 대해 좋은 감정인지 파악해야 한다. 녹음에서 고양이와 함께 하는 시간이 길수록 똑똑하고 귀엽게 느껴진다고 말하고 있기 때문에 그는 고양이를 좋아한다는 것을 알 수 있다. 답은 √이다.

TIP　越 A 越 B yuè A yuè B A하면 할수록 B하다

문제 4

★ 他认为手机作用不大。　　（　　　）	★ 그는 휴대전화의 작용이 크지 않다고 여긴다.
手机的作用越来越多，除了打电话，我们还可以用手机照相，这样，出去玩儿的时候就不用带照相机了。	휴대전화의 작용은 점점 더 커진다. 전화를 거는 것 외에 우리는 휴대전화를 이용해서도 사진을 찍을 수 있다. 이렇기에 나가서 놀 때 사진기를 가져갈 필요가 없어졌다.

해설　문제에 '认为(~라고 여긴다)'라는 단어를 보니 말하는 이의 견해를 묻고 있는 듯하다. 따라서 녹음을 들을 때 휴대전화에 대한 글쓴이의 견해에 집중해야 한다. 녹음에서는 휴대전화의 작용이 점점 커짐에 따라 놀러 나갈 때도 카메라를 가져갈 필요가 없어졌다고 말하고 있다. 따라서 '他认为手机作用不大(그는 휴대전화의 작용이 크지 않다고 여긴다)'라는 문제는 옳지 않다. 답은 **X**이다.

TIP　越来越… yuèláiyuè…　점점 더 ~해지다

문제 5

★ 他害怕动物。　　　　　（　　）	★ 그는 동물을 무서워한다.
到现在，我还清楚地记得，小时候，几乎每天都要看《动物世界》这个节目，看这个节目让我认识了很多动物。	지금까지 나는 분명하게 기억한다. 어렸을 때 거의 매일 〈동물의 세계〉이 프로그램을 보려고 했다. 이 프로그램을 보는 것은 나로 하여금 많은 동물을 알게 했다.

해설　녹음 내용은 어릴 적 〈동물의 세계〉를 자주 봤고, 그 프로그램을 통해서 많은 동물을 알게 되었다는 긍정적인 내용이다. 녹음 내용 어디에도 그가 동물을 무서워한다는 감정에 관한 내용은 없기 때문에 답은 **X**이다.

부분별 전략　실전 문제 정답				▶p.59
1. X	**2.** X	**3.** √	**4.** X	**5.** √
6. X	**7.** X	**8.** √	**9.** √	**10.** X

문제 1

★ 考试十点半开始。　　　（　　　）	★ 시험은 10시 30분에 시작한다.
考试不是十点结束吗？现在都十点一刻了，小王怎么还没出来？其他人都出来了。	시험 10시에 끝나는 것 아니야? 지금 10시 15분이 다 되었는데, 샤오왕은 어째서 아직 나오지 않았지? 다른 사람은 모두 나왔어.

해설　녹음에서 시험은 '十点结束(10시에 끝난다)'라고 했고, 현재 시간은 '十点一刻(10시 15분)'라고 했다. 시험이 시작하는 시간은 나오지 않았지만, 문맥상 시험이 10시 30분에 시작한다는 말은 **X**이다.

TIP　不是…吗？ búshì…ma？　~한 것 아니야? [반어문으로 '~한 것이다'라는 의미]

★ 我和黄先生是同学。　　　（　　　）	★ 나와 황 씨는 학우이다.
我女儿和黄先生的儿子在一个学校上学。他家孩子上三年级，我女儿上五年级。	나의 딸과 황 씨의 아들은 한 학교에 다닌다. 그 집 아이는 3학년이고, 내 딸은 5학년이다.

해설　녹음에서 '我女儿和黄先生的儿子(나의 딸과 황 씨의 아들)'가 같은 학교에 다닌다고만 언급했을 뿐, 나와 황 씨가 학우라는 것은 알 수 없다. 따라서 답은 **X**이다.

문제 3

★ 历史是他的爱好。　　　（　　　）	★ 역사는 그의 취미이다.
在爷爷的影响下，我也对历史很感兴趣，看过很多历史书，知道不少历史故事。	할아버지의 영향 아래에서, 나 역시 역사에 매우 흥미가 있다. 많은 역사책을 본 적이 있고 많은 역사 이야기도 안다.

해설　화자는 역사에 흥미가 있으며, 많은 책을 보고 역사에 관한 이야기를 많이 알고 있다는 내용을 통해 그의 취미는 역사라는 것을 알 수 있다. 또한, 결정적으로 녹음에 나온 '感兴趣(흥미가 있다)'라는 단어와 문제의 '爱好(취미)'라는 단어는 서로 관련된 단어이므로 답은 **√**이다.

TIP　对…感兴趣　duì…gǎn xìngqù　~에 흥미가 있다

문제 4

★ 儿子比爸爸矮。　　　（　　　）	★ 아들은 아빠보다 작다.
儿子十八岁了，长得很快。去年买的裤子，现在已经不能穿了，现在他跟爸爸一样高了。	아들은 18살이 되었고, 매우 빨리 자란다. 작년에 산 바지가 지금은 이미 입을 수 없게 되었다. 현재 그는 아빠와 똑같이 커졌다.

해설　'比'비교문과 '跟…一样'의 쓰임을 알면 문제 풀기 수월했을 것이다. 녹음 내용은 아들의 성장 속도가 매우 빨라서 지금은 아빠와 똑같이 커졌다는 내용이다. 따라서 아들은 아빠보다 작지 않다. 답은 **X**이다.

TIP　① A + 比 + B + 술어: A는 B보다 ~하다
②　'了'는 완료의 의미로 자주 쓰이지만 문장 끝에서 변화의 의미를 나타내기도 한다.

문제 5

★ 他家附近有个公园。　　　（　　　）	★ 그의 집 근처에는 공원이 하나 있다.
我家旁边有个公园，公园后面是一条小河。小时候，爸爸妈妈经常带我去那儿玩儿。	우리 집 옆쪽에는 공원이 하나 있다. 공원 뒤쪽은 작은 강이다. 어렸을 때, 아빠와 엄마는 자주 나를 데리고 그곳에 가서 놀았다.

해설　'旁边'은 '옆쪽'을 의미하므로 '附近(근처)'이라고 할 수 있다. 따라서 답은 **√**가 된다.

문제 6

★ 他这个周末去爬山。（　　　）	★ 그는 이번 주말에 등산을 하러 간다.
这个周末有个重要的会议，所以不能和你一起去爬山了，对不起，下周怎么样?	이번 주말에 중요한 회의가 있어서 너와 함께 등산을 하러 갈 수가 없게 되었어. 미안해. 다음 주는 어때?

해설　'这个周末(이번 주말)'라는 시간사는 문제와 녹음에서 동일하게 나왔지만, 그때 등산을 하는지 잘 들어야 한다. 그는 이번 주말에 중요한 회의가 있어서 '不能和你一起去爬山了(너와 함께 등산을 하러 갈 수 없게 되었어)'라고 하며 다음 주가 어떤지 묻고 있다. 따라서 답은 **X**이다.

문제 7

★ 不要认真听老师说的话。（　　　）	★ 선생님이 하는 말씀을 진지하게 들을 필요가 없다.
老师说话的时候，你要认真听，不要"一个耳朵进，一个耳朵出"。	선생님께서 말씀을 하실 때, 너는 진지하게 들어야 한다. 한 귀로 듣고, 한 귀로 내보내서는 안 된다.

해설　상식적으로 선생님의 말씀을 진지하게 들을 필요가 없다는 것은 틀린 말이기 때문에 답은 X라고 미리 추측할 수 있다. 녹음 내용에서도 '要认真听(진지하게 들어야 한다)'이라고 나오기 때문에 답은 **X**이다.

문제 8

★ 他想介绍哥哥跟小高认识。（　　　）	★ 그는 형과 샤오까오를 소개해주고 싶다.
小高，我哥对你说的事情很感兴趣，什么时候有时间我介绍你们认识一下?	샤오까오, 우리 형이 네가 말한 일에 흥미가 있어. 언제 시간 될 때 내가 너희들을 좀 소개해줄까?

해설　녹음에서는 '小高(샤오까오)'에게 형을 소개해주고 싶다고 언제 시간이 있는지 묻고 있는 내용으로 답은 **√**이다.

문제 9

★ 天气变冷了。（　　　）	★ 날씨가 추워졌다.
昨天刮了一天的风，天气突然变冷了，你多穿点儿衣服，小心感冒。	어제 하루 종일 바람이 불었어. 날씨가 갑자기 추워졌어. 너 옷을 좀 많이 입고, 감기 조심해라.

해설　녹음에서는 '突然(갑자기)'이라는 부사가 더 들어갔을 뿐 문제와 녹음에서 '天气变冷了(날씨가 추워졌다)'라는 같은 표현이 나온다. 따라서 답은 **√**이다.

문제 10

★ 他长得很高。（　　　）	★ 그는 키가 크다.
虽然他只有一米五八，但是他特别喜欢打篮球，而且打得很好。	비록 그는 키가 단지 1m 58cm이지만, 그는 농구하는 것을 특히나 좋아한다. 게다가 아주 잘 한다.

해설　비록 키가 1m 58cm이지만 농구는 잘한다는 내용으로 그의 키가 작다는 것을 알 수 있다. 녹음에 키가 '高(크다)' 혹은 '矮(작다)'와 같은 구체적인 단어가 나오지는 않기 때문에 전체적인 문맥을 잘 파악해야 한다. 따라서 답은 **X**이다.

TIP　虽然 A, 但是 B suīrán A, dànshì B 비록 A하지만 그러나 B하다

유형별 전략 01 실전 문제 정답　　　　　　　　　　　　　▶p.65

1. B	**2.** A	**3.** B	**4.** B	**5.** C	**6.** B

문제 1

A 丈夫和妻子 B 客人和服务员 C 老师和学生	A 남편과 아내 B 손님과 종업원 C 선생님과 학생
男：你好，我住八零七，房间里的空调坏了，你能来看看吗? 女：好的，先生，我们马上找人上去。 问：他们最可能是什么关系?	남: 안녕하세요? 저는 807호에 머물고 있는데, 방 안의 에어컨이 고장 났어요. 당신이 와서 좀 봐주시겠어요? 여: 알겠습니다. 고객님, 저희가 곧 사람을 찾아 올라가겠습니다. 질문: 그들은 어떤 관계일 가능성이 가장 높은가?

해설　남자가 여자를 부르는 호칭이 나오지 않았지만 여자가 남자를 '先生(~님, 성인 남성에 대한 존칭)'이라고 불렀고, 녹음 내용 중 남자가 방 안의 에어컨을 와서 봐달라고 한 것을 토대로 그들의 관계는 보기 중 **B** 客人和服务员(손님과 종업원)이 가장 적합함을 알 수 있다.

TIP　'先生'은 주로 성인 남성에 대한 존칭으로 쓰이며, 여기서는 손님을 뜻한다.

문제 2

A 夫妻 B 邻居 C 同学	A 부부 B 이웃 C 학우
男：洗手间的灯怎么没关啊? 女：女儿说要刷牙，所以没关。 问：他们最可能是什么关系?	남: 화장실 불을 어째서 끄지 않았어? 여: 딸이 이를 닦을 거라고 말했어. 그래서 끄지 않았어. 질문: 그들은 무슨 관계일 가능성이 가장 높은가?

해설　남녀 간의 호칭이 등장하지 않았지만 여자의 말 중 '女儿(딸)'을 통해 그들의 관계는 **A** 夫妻(부부)일 가능성이 가장 높다.

문제 3

A 妈妈 B 老师 C 经理	A 엄마 B 선생님 C 사장
男：你明天要去哪儿? 女：我要带学生去动物园，去看大熊猫。 问：女的最可能是做什么的?	남: 너 내일 어디 갈 거야? 여: 나는 학생을 데리고 동물원에 갈 거야. 가서 판다를 볼 거야. 질문: 여자는 무엇을 하는 사람일 가능성이 가장 높은가?

해설　보기를 보면, 남녀의 관계를 묻기보다는 한 사람에 대해 물을 것이라는 것을 알 수 있다. 학생을 데리고 갈 것이라는 여자의 말을 통해 여자의 직업이 **B** 老师(선생님)라는 것을 유추할 수 있다.

문제 4

A 游客 B 出租车司机 C 公共汽车司机	A 여행객 B 택시 운전기사 C 버스 운전기사
女：你好，我去国家图书馆。 男：好的，没问题。 女：从这儿到国家图书馆远不远？需要多长时间？ 男：不太远，半个小时吧。 问：男的是做什么的？	여: 안녕하세요? 저는 국가도서관에 갑니다. 남: 네. 문제없습니다. 여: 여기에서부터 국가도서관까지 머나요, 안 머나요? 시간이 얼마나 걸리죠? 남: 그다지 멀지 않아요. 30분 정도요. 질문: 남자는 무엇을 하는 사람인가?

해설 녹음에서 남녀가 서로를 부르는 호칭이 나오지 않았지만 여자가 첫마디에 가려고 하는 목적지를 이야기한다. 버스를 탔을 경우 가려고 하는 곳에 정차하는지 물어보는 경우는 있지만 정해진 노선이 있기 때문에 정확한 목적지를 이야기하지 않는다. 질문에서 남자에 대해 물었기 때문에 답은 **B 出租车司机**(택시 운전기사)가 된다.

문제 5

A 经理 B 朋友 C 同事	A 사장 B 친구 C 직장 동료
男：刚才在地铁站遇到的是你的同事？ 女：是，他是我们学校的数学老师。 男：这么年轻，我刚才还以为他是你的学生呢。 女：是吗？他女儿已经三岁了。 问：女的在地铁站遇到谁了？	남: 방금 지하철역에서 마주친 사람이 너의 직장 동료야? 여: 응. 그는 우리 학교 수학선생님이야. 남: 이렇게나 젊다니. 나는 방금 그가 너의 학생인줄 알았어. 여: 그래? 그의 딸이 이미 세 살이 되었어. 질문: 여자는 지하철역에서 누구와 마주쳤는가?

해설 질문을 듣기 전까지는 남녀의 관계가 친구인지 묻는 문제가 나올 것으로 유추할 수도 있었지만, 질문에서는 여자가 누구와 마주쳤는지에 대해 물었기 때문에 답은 **C 同事**(직장 동료)가 된다. 질문을 끝까지 잘 듣자!

TIP 以为 yǐwéi ~인 줄 알다 [생각했던 것과 결과가 다를 때 쓰임]

문제 6

A 经理 B 客人 C 妈妈	A 사장 B 손님 C 엄마
男：经理，您的信。 女：信放在我桌子上吧，客人几点来？ 男：十分钟后到公司。 女：等他们到了就告诉我。 问：女的在等谁？	남: 사장님, 당신의 편지입니다. 여: 편지는 내 책상 위에 올려 두세요. 손님은 몇 시에 오시나요? 남: 10분 후에 회사에 도착합니다. 여: 그들이 도착하면 바로 저에게 알려주세요. 질문: 여자는 누구를 기다리고 있는가?

해설 여자가 '客人几点来? (손님은 몇 시에 오시나요?)'라고 물었으며, 도착하면 바로 알려달라는 대화 내용을 통해 여자는 손님을 기다리는 중이라는 것을 알 수 있다. 녹음 시작 부분에 남자가 여자를 '经理(사장님)'라고 부르는 것 때문에 답을 헷갈리지 않도록 조심하자. 정답은 **B 客人**(손님)이다.

1. C **2.** B **3.** B **4.** B **5.** C **6.** B

문제 **1** ▶

A 饭店 B 公司 C 商店	A 식당 B 회사 C 상점
女: 先生，这是您的衬衫，请拿好，欢迎下次再来。 男: 好，谢谢。 问: 他们现在最可能在哪儿？	여: 손님, 이것은 당신의 셔츠입니다. 잘 받으세요. 다음에 또 와주세요. 남: 알겠어요. 고맙습니다. 질문: 그들은 현재 어디에 있을 가능성이 가장 높은가？

해설 여자가 남자에게 셔츠를 건네고 다음 번에 또 오라는 내용을 통해 그들은 상점에 있다는 것을 유추할 수 있기에 답은 **C** 商店(상점)이다.

문제 **2** ▶

A 公司门口 B 咖啡店 C 公园	A 회사 입구 B 카페 C 공원
男: 我们在哪儿见面？ 女: 就去公司旁边那个咖啡店吧，那儿的咖啡不错。 问: 他们在哪儿见面？	남: 우리 어디에서 만날까？ 여: 회사 옆에 그 카페 가자. 거기 커피 괜찮아. 질문: 그들은 어디에서 만나는가？

해설 남녀가 만날 곳에 대해 이야기를 하고 있다. 보기 중 A의 '公司(회사)'가 녹음에서 들리지만 목적지는 회사가 아닌 옆에 있는 카페이기 때문에 헷갈려서는 안 된다. 답은 **B** 咖啡店(카페)이다.

문제 **3** ▶

A 医院 B 超市 C 地铁站	A 병원 B 슈퍼마켓 C 지하철역
女: 这儿的环境很好，很安静。 男: 环境很不错，买东西也方便，附近就有超市，但是这儿离地铁站很远。 问: 这儿离哪里近？	여: 여기 환경 좋다. 조용해. 남: 환경이 괜찮고, 물건 사는 것도 편리해. 근처에는 바로 슈퍼마켓이 있어. 하지만 여기는 지하철역에서부터 멀어. 질문: 여기는 어디에서부터 가까운가？

해설 질문이 어디에서부터 가까운지 묻고 있다. 그런데 녹음 내용 중 정답을 찾을 수 있는 힌트인 '附近就有超市(근처에는 바로 슈퍼마켓이 있어)'와 그 뒤에 나온 문장 '这儿离地铁站很远(여기는 지하철역에서 멀어)'의 문장 형식이 비슷해서 헷갈릴 수 있다. 하지만 질문에서 '近(가깝다)'이라고 물었기 때문에 가까운 장소인 **B** 超市(슈퍼마켓)를 골라주면 된다. 질문을 유의 깊게 듣자.

문제 4

A 图书馆 B 学校 C 公园	A 도서관 B 학교 C 공원
男：喂，我到学校门口了，你到了吗？ 女：对不起，我刚从地铁站出来，你再等我五 　　分钟。 男：好的，我就在门口等你。 女：好的，一会儿见。 问：他们在哪儿见面？	남：여보세요? 나 학교 입구에 도착했어. 너 도착했어? 여：미안해, 나 막 지하철역에서 나왔어. 너 5분만 더 기다려줘. 남：알겠어, 내가 입구에서 너를 기다릴게. 여：그래, 잠시 후에 보자. 질문：그들은 어디에서 만나는가?

해설 남자가 학교 입구에 도착했다고 여자에게 전화를 하고 있다. 또한, 여자가 아직 도착하지 않아서 남자가 학교 입구에서 기다리겠다고
한 내용을 보아 답은 **B 学校**(학교)가 된다.

문제 5

A 家 B 商店 C 图书馆	A 집 B 상점 C 도서관
男：喂，请问小王在家吗？ 女：他出去了，请问您是哪位？ 男：我姓李，是他的同事。他什么时候回来？ 女：他去图书馆借书，可能半个小时以后就回 　　来了。 问：小王现在最可能在哪儿？	남：여보세요, 실례지만 샤오왕 집에 있나요? 여：그는 나갔어요, 실례지만 누구시죠? 남：제 성은 리이고, 그의 직장 동료입니다. 그는 언제 돌아오 　　나요? 여：그는 도서관에 책을 빌리러 갔어요. 아마도 30분 후면 올 　　것 같아요. 질문：샤오왕은 현재 어디에 있을 가능성이 가장 높은가?

해설 '小王(샤오왕)'의 행방을 찾아야 하는데 여자의 말 중 '他去图书馆借书(그는 도서관에 책을 빌리러 갔어요)'를 통해 그가 도서관에
갔다는 것을 알 수 있다. 보기 중에 '家(집)'도 녹음에서 들리지만 집에 있는지 묻자 그는 나갔다고 했기 때문에 답은 **C 图书馆**(도서
관)이다.

문제 6

A 书店 B 商店 C 银行	A 서점 B 상점 C 은행
女：还需要别的水果吗？ 男：不用了，这些香蕉多少钱？ 女：十三块五毛。 男：给你钱。 问：他们最可能在哪儿？	여：다른 과일 더 필요하신가요? 남：필요 없어요. 이 바나나들 얼마예요? 여：13.5위안이에요. 남：돈 드릴게요. 질문：그들은 어디에 있을 가능성이 가장 높은가?

해설 여자와 남자의 첫마디를 통해 남자가 '水果(과일)'를 사고 있는 상황이라는 것을 알 수 있다. 문제에서 그들이 있는 장소를 물었기 때문
에 답은 **B 商店**(상점)이다. 화폐 단위가 나오기 때문에 앞부분을 분명히 듣지 못했을 경우 C 银行(은행)과 답을 혼동할 수 있으니 주
의하자.

1. C　　　**2.** A　　　**3.** C　　　**4.** C　　　**5.** B　　　**6.** A

문제 **1**

A 9:45 B 10:15 C 10:30	A 9:45 B 10:15 C 10:30
男: 几点了? 今天的会议几点开始? 女: 现在十点一刻, 再有十五分钟开始。 问: 会议几点开始?	남: 몇 시야? 오늘 회의 몇 시에 시작해? 여: 지금 10시 15분이야. 15분 더 있으면 시작해. 질문: 회의는 몇 시에 시작하는가?

해설 '刻'는 15분 단위를 나타내므로 '一刻'는 '15분'이다. 현재 시간은 10시 15분이라고 했는데 여기에 15분 더 있어야 회의를 시작한다고 했다. 질문이 현재 시간을 묻는 것이 아니고 회의 시작 시간을 물었기 때문에 답은 **C** 10:30가 된다. 정답을 직접적으로 언급하지 않고, 간단한 계산을 요구하는 문제도 종종 출제되고 있기 때문에 숫자가 나오면 더 열심히 메모를 해야 한다.

TIP '分(钟)'은 시간의 단위인 '분'을 나타낼 때 쓴다.

문제 **2**

A 明天早上 B 明天晚上 C 这个周末	A 내일 아침 B 내일 저녁 C 이번 주말
男: 我们明天早上一起去爬山, 怎么样? 女: 明天可能会刮风, 周末再去吧, 周末天气好。 问: 男的想什么时候去爬山?	남: 우리 내일 아침에 같이 등산하러 가자. 어때? 여: 내일 아마도 바람이 불 거야. 주말에 다시 가자. 주말에 날씨 좋아. 질문: 남자는 언제 등산을 가고 싶어하는가?

해설 남자는 내일 아침에 등산을 가자고 하고 여자는 주말에 가자고 한다. 질문에서는 남자가 언제 가고 싶어하는지를 물었기 때문에 답은 **A** 明天早上(내일 아침)이 된다. 한 가지 사항에 대해서 서로 다른 의견을 이야기하는 경우, 막상 문제를 풀 때는 기억하기 쉽지 않으므로 반드시 메모를 잘 해두어야 하며 질문도 끝까지 잘 들어야 한다.

문제 **3**

A 3月17号 B 3月19号 C 3月20号	A 3월 17일 B 3월 19일 C 3월 20일
男: 下星期二是几月几号? 女: 3月17号。妈妈快过生日了。下周五是她的生日。 问: 妈妈的生日是几月几号?	남: 다음 주 화요일은 몇 월 며칠이야? 여: 3월 17일. 곧 엄마 생신이야. 다음 주 금요일이 엄마 생신이야. 질문: 엄마의 생신은 몇 월 며칠인가?

해설 다음 주 화요일은 3월 17일이며 여자가 엄마의 생신이 다음 주 금요일이라는 것을 알려주었다. '星期'와 '周'는 같은 표현으로 두 단어 모두 '주', '요일'을 뜻한다. 엄마의 생신이 언제인지를 묻고 있으므로 답은 **C** 3月20号(3월 20일)이다. 이처럼 날짜나 숫자가 나오면 메모를 잘 해두어야 헷갈리지 않고 답을 고를 수 있다.

문제 4

A 一米七	A 1m 70cm
B 一米七一	B 1m 71cm
C 一米七二	C 1m 72cm

女: 小李, 你现在有多高?	여: 샤오리, 너 지금 키가 몇이니?
男: 一米七二。你儿子呢? 他比我高吗?	남: 1m 72cm. 네 아들은? 그가 나보다 크니?
女: 他可能比你高一点儿。	여: 그는 아마도 너보다 조금 클 거야.
男: 那也很高。	남: 그러면 역시나 크구나.
问: 男的有多高?	질문: 남자는 키가 얼마인가?

해설 보기에 숫자가 나와있기 때문에 녹음에서 숫자와 관련된 표현을 잘 들어야 한다. 여자가 키를 묻고 있고 남자가 **C** 一米七二(1m 72cm)이라고 대답했다. 키를 묻는 표현과 'm(미터)'를 나타내는 단어 '米 mǐ'를 중국어로 어떻게 읽는지 알아두면 답을 쉽게 찾을 수 있을 것이다. 보기나 녹음 내용에 여러 가지 숫자가 나오면 헷갈릴 수 있으니 꼭 메모하는 습관을 들이자.

TIP ① 多高? duōgāo? 높이(키)가 얼마나 되나요?　② 多 + 형용사: 얼마나 ~하나요?

문제 5

A 三角五分	A 0.35위안
B 三元五角	B 3.5위안
C 五元	C 5위안

女: 西瓜多少钱一斤?	여: 수박은 한 근에 얼마예요?
男: 三块五。您要多少?	남: 3.5위안이요. 당신은 얼마나 필요하신가요?
女: 给我五斤吧。	여: 저 5근 주세요.
男: 好的。	남: 알겠습니다.
问: 西瓜多少钱一斤?	질문: 수박은 한 근에 얼마인가?

해설 여자가 첫마디에서 수박 한 근의 가격을 물었고 남자가 '三块五(3.5위안)'라고 대답했다. '块'는 '元'의 구어 표현이며, 마지막 자리의 단위는 생략이 가능하다. 만약 화폐 단위를 읽는 법과 구어 표현을 몰랐다면 보기 1번과 헷갈릴 수 있고, 자칫하면 여자가 마지막에 5 근을 달라고 했던 것과 혼동에서 답을 잘못 선택할 수 있으니 항상 메모를 해두어서 오답을 피해야 한다. 따라서 정답은 **B** 三元五角 (3.5위안)이다.

문제 6

A 3	A 3
B 4	B 4
C 5	C 5

男: 请问, 汉语词典在几层?	남: 실례지만 중국어 사전은 몇 층에 있나요?
女: 在三层, 三层左边。	여: 3층에 있습니다. 3층 왼쪽이요.
男: 还有一个问题, 我可以借几天呢?	남: 그리고 질문이 하나 더 있어요. 제가 며칠 동안 빌릴 수 있나요?
女: 对不起, 词典不能外借, 只能在这儿使用。	여: 죄송합니다. 사전은 빌려가실 수 없어요. 오직 이곳에서만 이용 가능합니다.
问: 男的应该去第几层?	질문: 남자는 몇 층으로 가야 하는가?

해설 남자는 사전이 몇 층에 있는지 물었고 여자가 3층이라고 대답했다. 남자가 며칠 빌릴 수 있는지도 물었지만 빌릴 수 없다고 했다. 그 뒤로는 숫자 표현이 나오지 않기 때문에 답은 **A** 3임을 쉽게 찾을 수 있는 문제이다.

1. B　　**2.** A　　**3.** C　　**4.** B　　**5.** C　　**6.** B

문제 **1**

A 没带伞 B 忘拿手机了 C 生病了	A 우산을 챙기지 않았다 B 휴대전화를 가져가는 것을 잊었다 C 병이 났다
女: 你怎么还在家里? 我以为你已经上班去了。 男: 我都到地铁站了，才发现我没带手机。 问: 男的为什么又回来了?	여: 너 어째서 아직 집에 있어? 나는 네가 이미 출근하러 간 　　줄 알았어. 남: 나 지하철역에 거의 다 도착해서 그제서야 내가 휴대전화 　　를 가져오지 않았다는 것을 발견했어. 질문: 남자는 왜 다시 돌아왔는가?

해설　남자가 휴대전화를 가져오지 않아 집으로 돌아왔다. 따라서 답은 B가 된다. 주의해야 할 점은 남자의 말에서 '没带手机(휴대전화를 챙기지 않았다)'와 보기 A의 '没带伞(우산을 챙기지 않았다)'이 똑같이 '没带(챙기지 않았다)'를 쓰고 있어서 목적어를 정확히 듣지 않았다면 답이 헷갈릴 수 있다. 하지만 보기 B의 '忘拿'도 '챙기는 것을 잊었다'라는 표현으로 '没带'와 비슷한 표현이기 때문에 답은 **B 忘拿手机了**(휴대전화를 가져가는 것을 잊었다)이다.

문제 **2**

A 要参加比赛 B 想学唱歌 C 要去朋友家	A 시합에 참가해야 한다 B 노래 부르는 것을 배우고 싶다 C 친구네 집에 갈 것이다
男: 下周末我们要去爬山，你去不去? 女: 我不去，下周末我要参加学校举行的跳舞 　　比赛。 问: 女的为什么不去爬山?	남: 다음 주 주말에 우리 등산하러 가려고 하는데, 너 갈래? 여: 나는 안 가. 다음 주 주말에 나는 학교에서 열리는 춤추기 　　대회에 참가해야 해. 질문: 여자는 왜 등산하러 가지 않는가?

해설　여자가 다음 주 주말에 등산을 가지 않는 이유는 춤추기 대회에 참가해야 하기 때문이다. 여자가 한 말 중 '学校举行的跳舞比赛(학교에서 열리는 춤추기 대회)'처럼 정확한 문장이 보기에 없다고 당황하지 말자. '比赛(시합)' 앞에 '学校举行的跳舞(학교에서 열리는 춤추기)'는 시합을 꾸며주는 말이고, 중요한 것은 경기에 참가한다는 것이다. 따라서 답은 **A 要参加比赛**(시합에 참가해야 한다)이다.

문제 **3**

A 骑车 B 坐公共汽车 C 坐地铁	A 자전거를 타다 B 버스를 타다 C 지하철을 타다
女: 下午我去银行办点儿事，把你的自行车借 　　我用用。 男: 我今天没骑自行车，坐地铁来的。你再问 　　问小李吧。 问: 男的今天怎么来的?	여: 오후에 나 은행 가서 일을 좀 처리하는데 네 자전거를 내 　　가 한번 쓰게 빌려줘. 남: 나 오늘 자전거 타고 오지 않고 지하철 타고 왔어. 너 샤오 　　리한테 다시 한번 물어봐. 질문: 남자는 오늘 어떻게 왔는가?

해설　자전거를 빌려달라는 여자의 말에 남자는 오늘 자전거를 타고 오지 않고 지하철을 타고 왔다고 한다. 따라서 답은 **C 坐地铁**(지하철을

타다)이다. A 骑车는 '자전거를 타다'라는 뜻으로 '骑'는 주로 자전거나 오토바이, 말과 같이 사람이 두 다리를 걸쳐서 타는 경우에 쓴다. '车'는 '차'라는 뜻이지만 '骑车'라고 쓰이면 앞에 '骑'를 보고 자전거라는 것을 알 수 있다.

문제 4

A 脚	A 발
B 腿	B 다리
C 眼睛	C 눈

女：丽丽家住四层，我们走楼梯上去吧。	여: 리리 집은 4층이야. 우리 계단을 걸어 올라가자.
男：还是等电梯吧，我的腿有点儿疼。	남: 엘리베이터 기다리는 것이 낫겠어. 나 다리가 조금 아파.
女：你的腿还没好？	여: 너 다리 아직도 좋아지지 않았어?
男：好多了，但还是有点儿疼。	남: 많이 좋아졌어. 하지만 여전히 조금 아파.
问：男的哪儿不舒服？	질문: 남자는 어디가 불편한가?

해설 계단으로 가자는 여자의 말에 남자가 다리가 아프다고 한 것을 통해 남자는 **B 腿**(다리)가 불편하다는 것을 알 수 있다. 보기에는 모두 신체 부위와 관련된 어휘가 나왔기 때문에 녹음에서 어느 신체 부위를 말하는지 주의 깊게 들어야 한다.

문제 5

A 手机	A 휴대전화
B 手表	B 손목시계
C 照相机	C 사진기

女：你看见我的照相机了吗?	여: 너 내 사진기 봤어?
男：没注意，你想想放哪儿了。	남: 주의 깊게 못하네. 네가 어디에 놓았는지 생각해봐.
女：我记得洗澡前把它和裙子放一起了，你没洗吧？	여: 내가 샤워하기 전에 사진기와 치마를 같이 놓았다고 기억해. 너 빨지 않았지?
男：没有，裙子在那儿，你去看看在不在。	남: 빨지 않았어. 치마 저기 있네. 네가 가서 있나 없나 한번 봐봐.
问：女的在找什么？	질문: 여자는 무엇을 찾고 있는가?

해설 여자의 첫마디에서 사진기를 봤냐고 물었기 때문에 사진기의 행방을 찾고 있다는 것을 알 수 있다. 답은 **C 照相机**(사진기)가 된다.

문제 6

A 写信	A 편지를 쓰다
B 离开	B 떠나다
C 玩儿	C 놀다

男：你下周就要回去了？时间过得真快。	남: 너 다음 주에 귀국하지? 시간이 정말 빠르게 지나간다.
女：是啊，真不想现在就离开上海，不想和大家说再见。	여: 응, 지금 바로 상하이를 떠나기 정말 싫고, 모두와 안녕이라고 인사하고 싶지 않아.
男：以后还有很多机会见面的。	남: 이후에 만날 기회가 더 많이 있을 거야.
女：是，也欢迎你去我们那儿玩儿。	여: 맞아, 역시나 네가 우리 그곳에 놀러 오는 것을 환영해.
问：女的不想怎么样？	질문: 여자는 어떻게 하고 싶지 않은가?

해설 남자가 여자의 귀국에 대해 묻자 여자가 '真不想现在就离开上海(지금 바로 상하이를 떠나기 정말 싫다)'라고 말하는 것을 통해 여자는 떠나고 싶지 않다는 것을 알 수 있다. 따라서 정답은 **B 离开**(떠나다)이다.

| **1.** B | **2.** B | **3.** A | **4.** A | **5.** B |
| **6.** C | **7.** C | **8.** C | **9.** A | **10.** C |

문제 **1**

A 同事 B 师生 C 朋友	A 직장 동료 B 선생님과 학생 C 친구
女：老师，祝您生日快乐！这是班上同学送您 　　的礼物。 男：你们太客气了，谢谢大家。 问：他们最可能是什么关系？	여: 선생님, 생신 축하드려요! 이건 우리 반 학우들이 선생님께 　　드리는 선물이에요. 남: 뭘 이런 것을 다. 모두들 고마워요. 질문: 그들은 무슨 관계일 가능성이 가장 높은가?

해설　여자의 첫마디에 남자를 '老师(선생님)'라고 부른 것을 통해 두 사람의 관계는 **B 师生**(선생님과 학생)이라는 것을 알 수 있다. '师生'
은 '老师学生(선생님과 학생)'을 줄여서 표현한 것이다.

TIP　**太客气了** tài kèqi le 뭘 이런 것을 다, 천만에요

문제 **2**

A 银行 B 动物园 C 图书馆	A 은행 B 동물원 C 도서관
女：你好，你知道动物园怎么走吗？ 男：对不起，我也不知道，你再问问其他人吧。 问：女的要去哪儿？	여: 안녕하세요? 당신은 동물원에 어떻게 가는지 아시나요? 남: 미안하지만 저도 몰라요. 다른 사람에게 다시 한번 물어보 　　세요. 질문: 여자는 어디에 가려고 하는가?

해설　여자가 '动物园怎么走吗? (동물원에 어떻게 가나요?)'라며 동물원 가는 법을 묻고 있기 때문에 답은 **B 动物园**(동물원)이 된다. 보
기의 단어는 모두 장소이기 때문에 장소를 물어볼 것이라고 미리 추측할 수 있다. 따라서 녹음에 장소와 관련된 단어가 나오면 표시하
며 듣도록 하자.

문제 **3**

A 同学 B 妈妈 C 姐姐	A 학우 B 엄마 C 누나, 언니
女：这位是？ 男：对不起，我忘了向你介绍，他是我大学同 　　学，叫白云。 问：男的在介绍谁？	여: 이 분은? 남: 미안, 내가 너에게 소개하는 것을 잊었네. 그는 나의 대학 　　학우야. 바이윈이라고 불러. 질문: 남자는 누구를 소개하고 있는가?

해설　여자가 누군지 묻는 말에 남자가 '大学同学(대학 학우)'라며 소개하고 있다. 따라서 답은 **A 同学**(학우)이다.

문제 **4** ▶

A 王经理	A 왕 사장
B 王校长	B 왕 교장
C 王医生	C 왕 의사

女：请坐，王经理正在开会，会议马上就结束了。	여: 앉으세요. 왕 사장님은 회의 중이세요. 회의는 곧 끝나요.
男：谢谢你。	남: 감사합니다.
问：男的要找谁？	질문: 남자는 누구를 찾고자 하는가?

해설 여자의 말에서 '王经理正在开会(왕 사장님은 회의 중이세요)'라는 내용을 통해 남자가 찾는 사람은 **A 王经理**(왕 사장)이라는 것을 알 수 있다. 보기를 보면 모두 직업에 대해 묻고 있으므로 그 부분을 집중해서 잘 들어야 한다.

문제 **5** ▶

A 朋友家	A 친구 집
B 图书馆	B 도서관
C 公司门口	C 회사 입구

男：你要去哪儿？我让司机开车送你去吧。	남: 너 어디 가려는 거야? 내가 기사님께 운전해서 너를 데려다 주라고 할게.
女：不用，谢谢，我去国家图书馆，坐公共汽车更方便。	여: 괜찮아, 고마워. 나는 국가도서관에 가. 버스를 타는 것이 더 편리해.
问：女的要去哪儿？	질문: 여자는 어디에 가려고 하는가?

해설 여자가 '我去国家图书馆(나는 국가도서관에 가)'이라고 직접적으로 언급했으므로 답은 쉽게 **B 图书馆**(도서관)이 된다.

문제 **6** ▶

A 书店	A 서점
B 宾馆	B 호텔
C 商店	C 상점

男：你好，我昨天买的裤子有点儿小，我可以换一条吗？	남: 안녕하세요? 제가 어제 산 바지가 조금 작아요. 교환 가능한가요?
女：当然可以，您买的是多大的？	여: 당연히 가능합니다. 당신은 어떤 사이즈를 사셨죠?
男：是31码。	남: 31사이즈입니다.
女：好，请稍等。	여: 알겠습니다. 잠시만 기다려주세요.
问：他们最可能在哪儿？	질문: 그들은 어디에 있을 가능성이 가장 높은가?

해설 장소가 어디라고 정확히 나오지 않기 때문에 대화를 통해서 장소를 유추해야 한다. 남자가 어제 산 옷을 교환하려 하는 내용이며 주로 옷·신발·모자 등의 치수를 나타내는 '码(치수, 사이즈)'라는 어휘도 나왔으므로 가장 적합한 답은 **C 商店**(상점)이라는 것을 알 수 있다.

TIP '多大'는 나이를 물을 때 또는 신발이나 옷 등의 사이즈를 물을 때 쓰인다.

A 妈妈 B 爷爷 C 爸爸	A 엄마 B 할아버지 C 아빠
男: 刚才还是大太阳, 怎么突然下雨了。 女: 是, 这儿天气一会儿晴一会儿阴的。 男: 你怎么知道带伞? 女: 早上我爸把它放我包里了。 问: 谁把雨伞放包里了?	남: 방금 전까진 여전히 태양이 컸는데, 어째서 갑자기 비가 내리지. 여: 맞아, 이곳의 날씨는 잠시 맑았다 잠시 흐렸다 해. 남: 너 어떻게 알고 우산을 챙겼어? 여: 아침에 우리 아빠가 그것을(우산을) 내 가방 안에 넣어 놨어. 질문: 누가 우산을 가방 안에 넣었는가?

해설 남녀가 날씨와 관련된 이야기를 하면서 남자가 어떻게 알고 우산을 챙겼냐는 물음에 여자가 우산이라는 단어를 쓰진 않았지만 '它(우산)'를 아빠가 넣었다고 했다. '它'는 사람 이외의 사물 등을 가리키는 대명사로 이 문제에서는 우산을 가리킨다. 보기들이 모두 사람이고 녹음에선 사람과 관련된 단어가 '爸爸(아빠)' 뿐이므로 답은 **C**이다.

A 公园 B 办公楼 C 体育馆	A 공원 B 사무실 건물 C 체육관
女: 体育馆在哪儿? 男: 我看看这张校园地图。 女: 体育馆在这儿, 在办公楼的后面。 男: 知道了, 谢谢。 问: 他们要去哪儿?	여: 체육관은 어디에 있어? 남: 내가 이 캠퍼스 지도를 한번 볼게. 여: 체육관은 여기에 있어. 사무실 건물 뒤쪽에 있어. 남: 알겠어, 고마워. 질문: 그들은 어디에 가려고 하는가?

해설 '体育馆在哪儿? (체육관은 어디에 있어?)'이라는 여자의 첫마디를 통해 그들은 체육관에 가려고 한다는 것을 알 수 있다. 주의해야 할 점은 B 办公楼(사무실 건물)도 녹음에서 들렸지만 그것은 목적지가 아니라 목적지 주변 건물이기 때문에 답은 **C 体育馆**(체육관)이다.

A 医院 B 商店 C 咖啡店	A 병원 B 상점 C 카페
男: 我给你开点儿药, 这段时间注意身体, 不要太累。 女: 好的, 我会注意的。 男: 还有, 咖啡和酒要少喝, 不要吃鱼。 女: 好, 谢谢您。 问: 他们在哪儿?	남: 제가 당신에게 약을 조금 처방해줄게요. 이 시기 동안은 몸 조심하세요. 너무 무리해서는 안 됩니다. 여: 알겠습니다, 조심할게요. 남: 그리고 커피와 술은 조금만 마셔야 하고, 생선을 드시면 안 됩니다. 여: 알겠습니다, 감사합니다. 질문: 그들은 어디에 있는가?

해설 보기의 단어들을 통해 장소에 대해 물을 것임을 미리 파악할 수 있다. '开药'는 '약을 처방하다'라는 뜻이며 남자가 여자에게 몸을 신경 쓰라고 말하며 해서는 안 되는 것들을 이야기하고 있다. 따라서 그들이 있는 장소는 **A 医院**(병원)이라는 것을 유추할 수 있다.

문제 10 ▶

A 姐姐 B 爸爸和妈妈 C 叔叔和阿姨	A 누나(언니) B 아빠와 엄마 C 삼촌과 이모
男：看一下手表，现在几点？ 女：两点，说两点半到，还差半个小时，再等等吧。 男：叔叔和阿姨是第一次来上海，会不会走错路了？ 女：我再打电话问问吧。 问：他们在等谁？	남: 손목시계를 한번 봐봐. 지금 몇 시야? 여: 2시. 2시 30분에 도착한다고 말했으니 아직 30분 정도 남았네. 조금 더 기다리자. 남: 삼촌과 이모는 처음 상하이에 오는 건데 길을 잘못 오는 것은 아니겠지? 여: 내가 다시 전화 걸어서 한번 물어볼게. 질문: 그들은 누구를 기다리고 있는가?

해설　남자의 말 중 '叔叔和阿姨(삼촌과 이모)'가 길을 잘못 찾아 오는 것은 아닌지 걱정하는 내용을 통해서 그들은 C 叔叔和阿姨(삼촌과 이모)를 기다린다는 것을 알 수 있다. 보기는 모두 인물에 대해 나와있으므로 어떤 인물이 나오는지 잘 듣고 메모해야 한다.

부분별 전략 02　실전 문제 정답 ▶p.83

1. C	2. B	3. B	4. A	5. C
6. A	7. B	8. C	9. B	10. C

문제 1 ▶

A 两百多年 B 三百多年 C 四百多年	A 200여 년 B 300여 년 C 400여 년
女：这个房子应该有很长历史了吧？ 男：是啊，到今天有四百多年了。 问：那个房子有多少年历史了？	여: 이 집은 아마 긴 역사를 가지고 있겠지? 남: 응, 오늘날까지 400여 년의 역사를 가지고 있어. 질문: 그 집은 몇 년 동안의 역사를 가지고 있는가?

해설　보기에 공통적으로 숫자가 들어갔다는 점을 통해서 녹음에서는 수와 관련된 내용이 나올 것이라는 것을 유추할 수 있다. 다행히도 집의 역사를 정확하게 '四百多年(400여 년)'이라고 언급했기 때문에 답은 C 四百多年(400여 년)이다.

문제 2 ▶

A 在看书 B 在开车 C 要上飞机了	A 책을 보고 있다 B 운전하고 있다 C 비행기에 오르려고 한다
男：我正在开车，等会儿给你打回去。 女：好的，那我等你电话。 问：男的为什么不方便说话？	남: 나는 운전하고 있어서 잠시만 기다리면 너에게 다시 걸게. 여: 알겠어, 그러면 나는 네 전화를 기다릴게. 질문: 남자는 왜 통화를 하기 불편한가?

남자는 첫마디에서 '我正在开车(나는 운전을 하고 있어)'라고 말하며 다시 전화를 걸겠다고 했다. 따라서 답은 **B 在开车**(운전하고 있다)이다.

문제 3

A 一分钱也没有 B 票卖完了 C 别看手机了	A 1위안 조차도 없다 B 표가 다 팔렸다 C 휴대전화를 보지 마라
男: 你好，我要两张7月1号去北京的火车票。 女: 三号以前的票都没有。 问: 女的是什么意思?	남: 안녕하세요? 저는 7월 1일에 베이징으로 가는 기차표 두 장을 사려고 합니다. 여: 3일 이전의 표는 모두 없습니다. 질문: 여자는 무슨 의미인가?

남자가 7월 1일 표를 사고 싶어하지만 여자는 3일 이전의 표는 없다고 한다. 즉, 표는 모두 팔렸다는 의미이기 때문에 답은 **B 票卖完了**(표가 다 팔렸다)이다. '票卖完了'라는 단어를 직접적으로 언급하지 않았기 때문에, 문맥을 이해해야 답을 고를 수 있는 문제이다.

문제 4

A 开车 B 学习 C 骑自行车	A 운전하다 B 공부하다 C 자전거를 타다
女: 前面是学校，学生很多，你开慢点儿。 男: 我知道，我会注意的。 问: 男的最可能在做什么?	여: 앞쪽이 학교야. 학생이 많으니 너 조금 천천히 운전해. 남: 나도 알아. 조심할 거야. 질문: 남자는 무엇을 하고 있을 가능성이 가장 높은가?

여자가 한 말 중 '你开慢点儿(너 조금 천천히 운전해)'을 통해 남자가 운전 중이라는 것을 알 수 있다. '开'는 함께 쓰이는 명사에 따라 '(문을) 열다', '(꽃이) 피다', '(불을) 켜다', '(액체가) 끓다' 등 매우 다양하게 쓰이는 동사이므로 예문을 통해 그 쓰임을 파악해두면 좋다. 여기서는 문맥상 '운전하다'라는 의미로 쓰였다. 따라서 답은 **A 开车**(운전하다)이다.

문제 5

A 饱了 B 生病了 C 饿了	A 배가 부르다 B 병이 났다 C 배가 고프다
女: 你是不是刷牙了? 怎么又吃呢? 男: 我晚饭没吃饱，有点儿饿。 问: 男的怎么了?	여: 너 이 닦지 않았어? 어째서 또 먹어? 남: 나 저녁을 배부르게 먹지 않아서 배가 조금 고파. 질문: 남자는 어떠한가?

'怎么了'는 상태를 묻는 표현으로 남자의 상태를 묻고 있다. 남자가 '有点儿饿(배가 조금 고파)'라고 했기 때문에 답은 **C 饿了**(배가 고프다)이다.

문제 6 ▶

A 照片	A 사진
B 电视	B 텔레비전
C 书	C 책

女：这张照片上哪个是小王啊？ 男：最左边那个是小王。 女：你们两个的关系不错？ 男：是，我们两家以前住得很近，就像一家人一样。 问：他们在看什么？	여: 이 사진에서 누가 샤오왕이야? 남: 가장 왼쪽에 저 사람이 샤오왕이야. 여: 너희 둘의 관계가 좋구나? 남: 응, 우리 두 집은 이전에 아주 가까이 살아서 마치 한 가족 같았어. 질문: 그들은 무엇을 보고 있는가?

해설 여자의 첫마디에서 '这张照片上…(이 사진에서~)'이라고 말하는 것을 통해 **A** 照片(사진)을 보면서 누가 샤오왕인지 묻는 내용임을 알 수 있다.

문제 7 ▶

A 春节后	A 춘절 이후
B 下周日	B 다음 주 일요일
C 一个月后	C 한 달 후

男：你下周就回国了？ 女：是的，下星期日的票，已经买好了。 男：回国后你有什么打算？ 女：可能去学校教书吧，还没决定呢。 问：女的哪天回国？	남: 너 다음 주에 곧 귀국하지? 여: 응, 다음 주 일요일 표야. 이미 사놨어. 남: 귀국 후에 너는 무엇을 할 계획이야? 여: 아마 학교에 가서 학생들을 가르칠 것 같은데, 아직 결정하지 않았어. 질문: 여자는 언제 귀국하는가?

해설 여자가 '下星期日(다음 주 일요일)'라고 말했지만 보기 **B**에서는 '下周日(다음 주 일요일)'라고 나왔기 때문에 헷갈릴 수 있다. '周'와 '星期'는 같은 표현이라는 것을 알아두자. 이처럼 같은 의미라도 다양한 어휘로 알아두면 문제 해결에 도움이 된다.

문제 8 ▶

A 很普通	A 평범하다
B 有点儿短	B 조금 짧다
C 还好	C 그런대로 좋다

女：你这件衬衫什么时候买的？ 男：昨天刚买的。 女：在哪儿买的？ 男：昨天下班经过那家新开的店，进去看了看，觉得不错，就买了。 问：男的觉得那件衬衫怎么样？	여: 너 이 셔츠 언제 산 거야? 남: 어제 막 산 거야. 여: 어디서 산 거야? 남: 어제 퇴근하고 그 새로 연 상점을 지나가다 들어가서 한번 봤는데 좋길래 바로 샀어. 질문: 남자는 그 셔츠가 어떻다고 생각하는가?

해설 남자가 셔츠에 대한 느낌을 '不错'라고 표현했다. '不错'는 '好'와 같은 의미로 '나쁘지 않다', 즉, '좋다, 괜찮다'라는 표현이다. 따라서 답은 **C** 还好(그런대로 좋다)가 된다.

A 七张	A 7장
B 四张	B 4장
C 十张	C 10장

女：电影票多少钱一张？	여: 영화표는 한 장에 얼마인가요?
男：七十。	남: 70위안이요.
女：好，我买四张。	여: 알겠습니다. 저 4장 살게요.
男：好，你要买几点的？	남: 네, 당신은 몇 시 표를 사려고 합니까?
问：女的要买几张电影票？	질문: 여자는 몇 장의 영화표를 사려고 하는가?

해설 여자가 처음에 영화표가 한 장에 얼마인지 물었을 때 남자는 화폐 단위인 '元(위안)'을 생략한 채 '七十(70)'이라고 대답했다. 이때, A 七张(7장)이나 C 十张(10장)으로 잘못 들어서 답을 착각해서는 안 된다. 문제는 여자가 몇 장을 사려고 하는지 묻고 있기 때문에 답은 **B 四张**(4장)이다.

A 五天	A 5일
B 半年	B 반년
C 还没决定	C 아직 결정하지 않았다

女：你这次要离开多长时间？	여: 너 이번에 얼마 동안 떠날 거야?
男：还没决定，两周或者三周吧。	남: 아직 결정하지 않았어. 2주 혹은 3주 정도야.
女：你这是第几次去那儿了？	여: 너 이번이 몇 번째 그곳에 가는 거야?
男：第五次。有什么事给我打电话、写电子邮件都可以。	남: 다섯 번째야. 무슨 일이 있으면 나한테 전화를 하거나 이메일을 써, 모두 가능해.
问：男的要出去多长时间？	질문: 남자는 얼마 동안 나가있을 것인가?

해설 여자가 첫마디에 남자에게 얼마나 떠날 것인지 물었고, 남자가 '还没决定(아직 결정하지 않았다)'이라고 보기 C와 똑같이 대답했기 때문에 답은 **C 还没决定**(아직 결정하지 않았다)이다.

듣기 | Final 전략 & Test

Final 실전 문제 정답 ▶p.89

1. A	**2.** E	**3.** D	**4.** C	**5.** B
6. C	**7.** E	**8.** D	**9.** A	**10.** B
11. ✓	**12.** X	**13.** ✓	**14.** X	**15.** ✓
16. ✓	**17.** X	**18.** ✓	**19.** X	**20.** X
21. C	**22.** B	**23.** C	**24.** A	**25.** A
26. A	**27.** C	**28.** C	**29.** A	**30.** A

문제 1-5

A

B

C

D

E

문제 1

| 男：您好，这是您的葡萄，一共十五元。
女：好的，给你钱。 | 남: 안녕하세요? 이것은 당신의 포도입니다. 총 15위안입니다.
여: 알겠습니다. 돈 드릴게요. |

단어 　葡萄 pútáo 몡 포도 | 给 gěi 동 주다 | 钱 qián 몡 돈

해설 　남자가 포도를 건네고 있다. 녹음에 '葡萄(포도)'라는 단어가 그대로 들리기 때문에 포도 사진인 A를 찾아주면 된다.

문제 2

| 女：出门前再检查一下你的行李，别忘了什么
东西。
男：别担心，我已经检查好了。 | 여: 문을 나서기 전에 너의 짐을 다시 한번 점검해봐. 어떤 물
건이든 잊으면 안 돼.
남: 걱정하지 마. 나 이미 잘 검사했어. |

단어 　再 zài 분 또, 다시 | 检查 jiǎnchá 동 검사하다, 검토하다 | 行李 xíngli 몡 짐 | 忘 wàng 동 잊다 | 东西 dōngxi 몡 물건 | 担心 dānxīn 동 걱정하다 | 已经 yǐjīng 분 이미

해설 　여자가 '检查一下你的行李(너의 짐을 한번 검사해봐)'라는 말을 통해 가방과 짐들이 놓여있는 사진인 E가 정답이 된다.

TIP 　检查行李 jiǎnchá xíngli 짐을 검사하다, 짐을 점검하다

문제 3

| 男：我听说爸爸年轻的时候特别喜欢运动，这
是真的吗?
女：当然是真的，他那时每天一回家，就出去
踢足球，而且水平也非常好。 | 남: 제가 듣자 하니 아빠가 젊었을 때 운동하는 것을 특히 좋
아했다던데, 이거 정말이에요?
여: 당연히 정말이지. 그는 그때 매일 집에 돌아오자마자 축구
를 하러 나갔어. 게다가 실력도 매우 좋았지. |

단어 　年轻 niánqīng 형 젊다 | 特别 tèbié 분 특히, 특별히 | 运动 yùndòng 동 운동하다 | 一…就… yī…jiù… ~하자마자 ~하다 | 踢 tī 동 (발로) 차다 | 足球 zúqiú 몡 축구 | 而且 érqiě 접 게다가 | 水平 shuǐpíng 몡 수준, 실력

해설 　대화 내용을 보면 아빠의 젊은 시절을 이야기하는 것을 알 수 있다. '特别喜欢运动(운동하는 것을 특히 좋아했다)'라는 남자의 말과 '就出去踢足球(바로 축구를 하러 나가다)'라는 여자의 말을 통해 축구를 하고 있는 사진인 D가 정답이다.

문제 4

| 女：下车吧，我们到了，这就是我的学校。
男：这么快到了? 我以为很远呢。 | 여: 내리자, 우리 도착했어. 이게 바로 나의 학교야.
남: 이렇게 빨리 도착했어? 나는 먼 줄 알았어. |

下 xià 동 내리다 | 到 dào 동 도착하다 | 学校 xuéxiào 명 학교 | 远 yuǎn 형 멀다

해설 '下车'는 '차에서 내리다'라는 뜻으로 답은 차에서 내리고 있는 사진인 **C**가 된다.

TIP 以为 yǐwéi ~인 줄 알다 [주로 '~라고 여겼는데 사실은 아니었다'라는 의미를 내포함]

문제 5

男: 我第一次听金老师唱歌，她唱得很好。 女: 唱歌和跳舞，她都是高水平。	남: 나는 김 선생님이 노래 부르는 것을 처음 들어. 노래 잘 부른다. 여: 노래 부르는 것과 춤 추는 것 모두 그녀는 수준이 높아.

단어 唱歌 chànggē 동 노래를 부르다 | 跳舞 tiàowǔ 동 춤을 추다 | 高 gāo 형 높다

해설 남자의 말과 여자의 대답에서 '唱歌(노래 부르다)'라는 단어가 중복해서 쓰였다. 이런 점과 전체적인 대화 내용을 통해 여자가 노래를 부르고 있는 사진인 **B**가 정답이 된다.

문제 6-10

A

B

C

D

E

문제 6

女: 怎么样? 你的眼睛还不舒服吗? 男: 不舒服，我准备下班后去医院看看。	여: 어때? 네 눈 아직 불편해? 남: 불편해. 나 퇴근하고 병원에 가서 좀 볼 계획이야.

단어 眼睛 yǎnjing 명 눈 | 舒服 shūfu 형 편안하다 | 准备 zhǔnbèi 동 준비하다 | 下班 xiàbān 동 퇴근하다 | 医院 yīyuàn 명 병원

해설 여자가 '你的眼睛(네 눈)'이라고 말하며 남자의 눈 상태를 묻고 있다. 따라서 답은 남자가 눈을 비비고 있는 사진인 **C**이다. 신체 부위 중 어디가 불편한지에 관한 문제가 자주 출제되므로 다양한 신체 부위 명칭을 잘 기억해두자.

문제 7

男: 你又在上网玩儿游戏? 女: 没有，我在网上买电影票，我们明天去看吧。	남: 너 또 인터넷 게임 중이야? 여: 아니, 나 인터넷에서 영화표를 샀어. 우리 내일 보러 가자.

단어 又 yòu 부 또 | 在 zài 부 ~하는 중이다 | 上网 shàngwǎng 동 인터넷을 하다 | 玩儿 wánr 동 놀다 | 游戏 yóuxì 명 게임 | 票 piào 명 표

해설 여자가 인터넷에서 영화표를 구매해서 내일 보러 가자고 제안하고 있다. 답은 노트북을 하며 카드를 들고 있는 사진인 **E**가 가장 적합하다.

TIP 대화체에서 상대방의 물음에 '没有'라고 대답할 경우에는 '없다'라는 뜻 외에 '아니'라는 뜻으로도 쓰인다.

문제 8

女: 外面还下雨吗? 女儿今天没带伞。 男: 没事，我等会儿去接她吧。	여: 바깥에 아직 비가 내려? 딸이 오늘 우산을 챙기지 않았어. 남: 괜찮아, 내가 기다렸다가 그녀를 마중 갈게.

단어 **外面** wàimiàn 명 바깥 | **还** hái 부 아직, 여전히 | **下雨** xiàyǔ 동 비가 내리다 | **带** dài 동 지니다, 휴대하다 | **伞** sǎn 명 우산 | **接** jiē 동 맞이하다, 마중하다

해설 여자의 말을 통해 바깥에는 비가 오고 있다는 것을 알 수 있다. 따라서 비가 내리고 있는 배경에 아빠가 우산을 들고 딸을 안고 가는 사진인 **D**가 정답이다. 날씨와 관련된 표현을 묶어서 잘 기억해두자.

문제 9

女: 这只猫胖胖的，真可爱。 男: 这是我们邻居的猫。	여: 이 고양이 아주 통통해, 정말 귀엽다. 남: 이 고양이는 우리 이웃의 고양이야.

단어 **只** zhī 양 마리 | **猫** māo 명 고양이 | **胖** pàng 형 통통하다, 뚱뚱하다 | **邻居** línjū 명 이웃

해설 '只(마리)'는 짐승이나 동물을 세는 양사이고 '猫'는 '고양이'이다. 녹음에서 동물과 관련된 단어가 반복해서 등장하고 있고, 귀엽다는 내용을 통해 **A**가 정답임을 알 수 있다.

TIP 형용사를 중첩하면 강조를 나타내기 때문에 의미가 강해진다.

문제 10

男: 我们是去年春天结婚的，你看，这张照片就是那时候照的。 女: 你爱人真漂亮。	남: 우리는 작년 봄에 결혼했어. 너 봐, 이 사진은 그때 찍은 거야. 여: 네 아내분 정말 예쁘시다.

단어 **春天** chūntiān 명 봄 | **结婚** jiéhūn 동 결혼하다 | **照片** zhàopiàn 명 사진 | **照** zhào 동 찍다 | **爱人** àiren 명 남편, 아내

해설 남자가 한 말 중 '结婚(결혼하다)', '这张照片(이 사진)'이란 단어를 통해 두 사람은 지금 결혼 사진을 보면서 이야기하고 있다는 것을 알 수 있다. 따라서 답은 결혼 사진인 **B**가 된다.

문제 11

★ 他没带照相机。 ( )	★ 그는 사진기를 챙기지 않았다.
春天来了，花园里的花都开了，如果带来照相机就好了。	봄이 왔고 화원의 꽃이 모두 피었다. 만약 사진기를 가져왔으면 좋았을 것이다.

단어 **照相机** zhàoxiàngjī 명 사진기 | **花园** huāyuán 명 화원 | **开** kāi 동 (꽃이) 피다 | **如果** rúguǒ 접 만약에

해설 '如果'는 '만약에'라는 뜻으로 무언가를 가정할 때 사용한다. '如果' 뒤에 '带来照相机就好了(사진기를 가져왔으면 좋았을 것이다)'라는 내용을 통해 사진기를 가져오지 않았다는 것을 유추할 수 있다. 문제와 녹음에서의 표현이 달라 헷갈릴 수 있지만 같은 내용이다. 따라서 정답은 √이다.

문제 12

★ 他们正在看表演。 ( )	★ 그들은 공연을 보고 있는 중이다.
真是对不起，我下午突然有点儿事，我们下星期再一起去看表演好吗?	정말 미안해. 내가 오후에 갑자기 일이 조금 생겨서, 우리 다음 주에 다시 같이 공연을 보러 가도 괜찮겠니?

正在 zhèngzài 🔲 ~하는 중이다 [진행] | 表演 biǎoyǎn 🔲 공연 | 突然 tūrán 🔲 갑자기 | 下星期 xiàxīngqī 🔲 다음 주

해설 '正在'는 '동작의 진행'을 나타낸다. 녹음에서 화자에게 일이 생겨 다음 주에 공연을 보러 가는 것은 어떤지 묻고 있기 때문에 현재 공연을 보고 있는 중이 아닌 것을 알 수 있다. 따라서 답은 **X**이다.

문제 13

★ 邻居们都喜欢王阿姨。　(　　)	★ 이웃들은 모두 왕 아주머니를 좋아한다.
王阿姨是我们的邻居。她很爱笑，也很热情，认识她的人都很喜欢她。	왕 아주머니는 우리의 이웃이다. 그녀는 잘 웃고, 또한 친절하다. 그녀를 아는 사람들은 모두 그녀를 좋아한다.

단어 邻居 línjū 🔲 이웃 | 阿姨 āyí 🔲 아주머니, 이모 | 笑 xiào 🔲 웃다 | 热情 rèqíng 🔲 친절하다 | 认识 rènshi 🔲 알다

해설 왕 아주머니에 대한 설명이 나오고 마지막에 '认识她的人都很喜欢她(그녀를 아는 사람들은 모두 그녀를 좋아한다)'라는 내용을 통해서 이웃들은 그녀를 좋아한다는 것을 알 수 있다. 따라서 정답은 **√**이다.

문제 14

★ 他在上海玩了很多地方。　(　　)	★ 그는 상하이에서 많은 곳에 갔다.
我这次来上海，只能住两天，所以我只能选择一两个最有名的地方去看看，以后有机会再去别的地方。	나는 이번에 상하이에 와서 오직 이틀만 머무를 수 있다. 그래서 나는 한두 개의 가장 유명한 곳만 선택해 가서 조금 볼 수밖에 없다. 이후에 기회가 있으면 다시 가서 다른 곳을 갈 것이다.

단어 地方 dìfang 🔲 장소, 곳 | 只能 zhǐnéng 🔲 ~할 수밖에 없다 | 住 zhù 🔲 머무르다, 거주하다 | 选择 xuǎnzé 🔲 선택하다 | 最 zuì 🔲 가장, 최고 | 有名 yǒumíng 🔲 유명하다 | 机会 jīhuì 🔲 기회

해설 '只能'은 '단지 ~할 수밖에 없다'라는 뜻으로 그가 단지 이틀밖에 머무를 수 없어서 많은 곳에 가지 못하기 때문에 기회가 생기면 다음 번에 다른 곳에 갈 것이라는 내용이다. 그는 많은 곳에 가지 못했으므로 답은 **X**이다.

문제 15

★ 小李没参加考试。　(　　)	★ 샤오리는 시험에 참가하지 않았다.
这次的汉语水平考试，我们班除了小李没来，其他三十八个人都参加了。听金老师说，十七号就可以知道成绩了。	이번 HSK시험은 우리 반에서 샤오리가 오지 않은 것 외에, 다른 38명은 모두 참가했다. 김 선생님 말을 들어보니, 17일에 바로 성적을 알 수 있다고 한다.

단어 参加 cānjiā 🔲 참가하다 | 考试 kǎoshì 🔲 시험 | 除了 chúle 🔲 ~을 제외하고 | 知道 zhīdào 🔲 알다 | 成绩 chéngjì 🔲 성적

해설 '除了(~을 제외하고)'의 뜻을 정확히 알고 있어야 문제를 풀 수 있다. 샤오리는 오지 않았고, 그 외에는 모두 왔다고 했기 때문에 샤오리는 시험에 참가하지 않았다는 것을 알 수 있다. 따라서 답은 **√**이다.

TIP 听…说 tīng…shuō ~의 말을 듣자 하니

문제 16 ▶

★ 老王第一次坐船。 （　　）	★ 라오왕은 처음 배를 탄다.
我看老王的脸色不太好，一问才知道昨天晚上没睡好。他说，他第一次坐船，以为和坐车没什么不同，他现在明白了，差得远了。	내가 보니 라오왕의 안색이 그다지 좋지 않았다. 물어보고 나서야 어제 저녁에 잠을 잘 자지 못했다는 것을 알았다. 그가 말하길, 그는 처음 배를 타는데 차를 타는 것과 별다를 것이 없을 줄 알았다고 한다. 그는 차이가 크다는 것을 지금에야 알게 됐다.

[단어] 坐 zuò 图 타다. 앉다 | 船 chuán 图 배. 선박 | 脸色 liǎnsè 图 안색 | 睡 shuì 图 자다 | 明白 míngbai 图 알다. 이해하다

[해설] 라오왕의 안색이 좋지 않아 그에게 묻자 그는 '他第一次坐船(그는 처음 배를 탄다)'이라고 말했다. 문제와 녹음에서 똑같은 표현으로 언급했기 때문에 쉽게 답을 고를 수 있다. 따라서 답은 √이다.

TIP 差得远 chà de yuǎn 차이가 많다. 차이가 심하다

문제 17 ▶

★ 这本书主要介绍历史。 （　　）	★ 이 책은 주로 역사를 소개한다.
这本书可以买给孩子读，它介绍了世界上很多国家的节日，可以使孩子了解不同国家的文化。	이 책은 아이에게 사서 읽어줄 만하다. 이것은 세계 여러 국가들의 기념일을 소개했다. 아이들에게 다른 국가의 문화를 이해하게 할 수 있다.

[단어] 主要 zhǔyào 图 주로. 대부분 | 介绍 jièshào 图 소개하다 | 历史 lìshǐ 图 역사 | 读 dú 图 읽다 | 世界 shìjiè 图 세계 | 使 shǐ 图 ~하게 하다 | 了解 liǎojiě 图 알다. 이해하다 | 文化 wénhuà 图 문화

[해설] '它(이것)'는 앞 문장에 나온 '这本书(이 책)'를 가리킨다. 이 책은 세계 여러 국가의 기념일을 주로 소개하고 있다고 했지 역사를 소개한다는 말은 언급되지 않았다. '介绍(소개하다)' 뒤에 어떤 것을 소개하는지 집중해서 들어야 한다. 따라서 답은 X이다.

문제 18 ▶

★ 他的成绩不错。 （　　）	★ 그의 성적은 좋다.
昨天，我在电子信箱里看到了我的成绩单，我的成绩比过去有了很大提高。今天一天我都很快乐。	어제 나는 이메일 우편함에서 내 성적표를 봤다. 내 성적은 과거에 비해 많은 향상이 있었다. 오늘 하루 나는 매우 기쁘다.

[단어] 不错 búcuò 图 좋다. 괜찮다 | 电子信箱 diànzǐ xìnxiāng 图 이메일 우편함 | 成绩单 chéngjìdān 图 성적표 | 提高 tígāo 图 향상시키다

[해설] 화자의 말 중 '我的成绩比过去有了很大提高(내 성적은 과거에 비해 많은 향상이 있었다)'라며 기쁘다는 언급을 통해 성적이 좋다는 것을 유추할 수 있다. 따라서 답은 √이다.

문제 19 ▶

★ 会议已经结束了。 （　　）	★ 회의는 이미 끝났다.
我现在正在开会，不方便说话，等会议结束，我就给你打电话，好吗？	나는 지금 회의 중이라서 말을 하기 불편해. 회의가 끝나면 내가 너에게 바로 전화를 걸게. 알겠지?

단어 会议 huìyì 명 회의 | 已经 yǐjīng 부 이미 | 结束 jiéshù 동 끝나다 | 开会 kāihuì 동 회의하다 | 方便 fāngbiàn 형 편리하다

해설 '正在'는 진행 상태를 나타내므로 회의는 아직 끝나지 않았음을 알 수 있다. 따라서 답은 X이다. 녹음에서 '会议结束(회의가 끝나다)' 라는 표현이 들리기 때문에 답을 헷갈릴 수 있지만 앞에 '等'이 붙어 있다. 즉, 회의가 끝나기를 '기다리다'라는 뜻이므로 아직 회의는 끝나지 않았다.

TIP 等 + 시점: ~을 기다리다

문제 20

★ 弟弟拿了第一名。 ( )	★ 남동생은 1등을 했다.
为了这次比赛，弟弟准备了两个多月，希望他能拿到好成绩。	이번 시합을 위해 남동생은 두 달 정도 준비했다. 그가 좋은 성적을 거둘 수 있기를 희망한다.

단어 拿 ná 동 쥐다, 받다 | 为了 wèile 전 ~을 위해 | 比赛 bǐsài 명 시합, 경기 | 希望 xīwàng 동 바라다, 희망하다 | 能 néng 조동 ~할 수 있다

해설 문제에 나온 '拿了第一名'은 '1등을 했다'라는 완료의 뜻이지만 녹음에서는 좋은 성적을 거두기를 '希望(희망한다)'고 했기 때문에 그의 성적은 아직 알 수가 없다. 따라서 답은 X이다.

문제 21

A 办公室里 B 教室里 C 电梯里	A 사무실 안 B 교실 안 C 엘리베이터 안
女：喂，你声音太小，我听不清楚，你大点儿声。 男：我现在在电梯里，我一会儿再打给你吧。 问：男的现在在哪儿？	여: 여보세요? 네 목소리가 너무 작아서 내가 분명하게 들을 수가 없어. 너 소리를 좀 더 크게 내. 남: 나 지금 엘리베이터 안에 있어. 내가 조금 이따 다시 전화를 걸게. 질문: 남자는 지금 어디에 있는가?

단어 声音 shēngyīn 명 목소리, 소리 | 清楚 qīngchu 형 분명하다, 명확하다 | 现在 xiànzài 명 현재, 지금 | 电梯 diàntī 명 엘리베이터 | 打 dǎ 동 (전화를) 걸다

해설 보기를 살펴보고 대화 속 장소를 파악해야 하는 것을 알 수 있다. 여자가 잘 들리지 않는다는 말에 남자가 '我现在在电梯里(나 지금 엘리베이터 안에 있어)'라고 한다. 남자가 어디 있는지에 대해 녹음에서도 보기 C와 동일하게 나오기 때문에 정답은 C 电梯里(엘리베이터 안)이다.

문제 22

A 洗手 B 休息会儿 C 开空调	A 손을 씻다 B 잠시 쉬다 C 에어컨을 켜다
男：累不累？我们休息会儿？ 女：好，你口渴不？喝水吗？ 问：女的希望怎么样？	남: 피곤해? 우리 잠시 쉴까? 여: 좋아, 너 목 마르니? 물 마실래? 질문: 여자는 어떻게 하길 희망하는가?

단어 累 lèi 형 피곤하다 | 休息 xiūxi 동 쉬다, 휴식하다 | 渴 kě 형 갈증 나다 | 开 kāi 동 켜다, 작동하다 | 空调 kōngtiáo 명 에어컨 | 洗 xǐ 동 씻다 | 手 shǒu 명 손

| 해설 | 남자의 '我们休息会儿? (우리 잠시 쉴까?)'이라는 질문에 여자가 '好(좋아)'라고 하며 긍정적인 답변을 한다. 따라서 여자는 **B 休息会儿**(잠시 쉬다) 하길 원한다. |

문제 23

A 8年	A 8년
B 9年	B 9년
C 10年	C 10년

女：你说汉语说得真好！你学了多久？	여: 너 중국어 정말 잘한다! 얼마나 배웠어?
男：从8岁到现在学了10年了。	남: 8살부터 지금까지 10년째 배우고 있어.
问：男的学了多久了？	질문: 남자는 얼마 동안 배우고 있는가?

| 단어 | 汉语 Hànyǔ 명 중국어 | 说 shuō 동 말하다 | 学 xué 동 배우다 | 久 jiǔ 형 오래다 |

| 해설 | 여자가 남자에게 중국어를 공부한 기간을 묻고 있다. 여자가 남자에게 물어본 질문과 문제에 나온 질문이 '学了多久? (얼마나 배웠어?)'로 동일하기 때문에 비교적 답을 쉽게 찾을 수 있다. 보기가 모두 숫자로 기간을 묻고 있으므로 그 부분을 집중해서 메모하며 들어야 한다. 8살부터 배우기 시작했다는 부분에서 숫자 8이 나와서 헷갈릴 수 있지만 배운 시점이 아닌 배운 기간을 묻고 있으므로 답은 **C 10年**이다. 문제를 정확히 듣는 연습을 하자. |

| TIP | 从 + A + 到 + B: A에서부터 B까지 |

문제 24

A 奶奶	A 할머니
B 朋友	B 친구
C 邻居	C 이웃

男：你们去旅游的话，谁来照顾狗呢？	남: 너희 여행 가면 누가 와서 개를 돌봐?
女：我们会把它放在奶奶家，请奶奶照顾它，奶奶也很喜欢它。	여: 우리는 개를 할머니 댁에 놓고, 할머니한테 돌봐달라고 부탁할 거야. 할머니도 개를 정말 좋아하시거든.
问：女的会请谁来照顾她的狗？	질문: 여자는 누구에서 그녀의 개를 돌봐달라고 부탁할 것인가?

| 단어 | 旅游 lǚyóu 동 여행하다 | 谁 shéi 대 누구 | 照顾 zhàogù 동 돌보다, 보살피다 | 狗 gǒu 명 개 | 请 qǐng 동 부탁하다, 요청하다 |

| 해설 | 할머니도 개를 좋아하시기 때문에 할머니 댁에 맡길 것이라는 내용으로 답은 **A 奶奶**(할머니)가 된다. |

| TIP | [把 + 목적어] + 放在 + 장소: (목적어)를 (장소)에 놓다 |

문제 25

A 二层	A 2층
B 回家	B 집으로 돌아가다
C 洗手间	C 화장실

女：帽子在几层？	여: 모자는 몇 층에 있어?
男：我看看，一层是家电，二层是衣帽，我们去二层。	남: 내가 한번 볼게. 1층은 가전이고 2층이 의류와 모자네. 우리 2층으로 가자.
问：他们现在要去哪儿？	질문: 그들은 지금 어디로 가려고 하는가?

| 단어 | 帽子 màozi 명 모자 | 在 zài 동 있다 | 层 céng 명 층 | 家电 jiādiàn 명 가전 | 衣帽 yīmào 명 의류와 모자 |

| 해설 | 여자가 모자가 있는 위치를 묻고 있고, 남자가 알아본 결과 2층에서 의류와 모자를 판매하고 있기 때문에 '我们去二层(우리 2층으로 가자)'이라고 했다. 따라서 답은 **A 二层**(2층)이다. |

A 男的 B 女儿 C 老师们	A 남자 B 딸 C 선생님들
男：怎么样？最近好点儿了吗？ 女：医生说我很快就能出院了，放心吧。 男：下次你一定要注意。 女：知道了。 问：女的想让谁放心？	남: 어때? 요즘 좀 좋아졌어? 여: 의사가 말하길 나 곧 퇴원할 수 있대. 안심해. 남: 다음 번엔 너 반드시 주의해야 해. 여: 알겠어. 질문: 여자는 누구를 안심시키고 싶은가?

단어 最近 zuìjìn 명 요즘, 최근 | 医生 yīshēng 명 의사 | 出院 chūyuàn 동 퇴원하다 | 放心 fàngxīn 동 안심하다 | 一定 yídìng 부 반드시 | 要 yào 조동 ~해야 한다 | 注意 zhùyì 동 주의하다

해설 '吧'는 문장 끝에 쓰여 상대방에게 제안이나 권유를 나타내는 조사로, 여자가 남자에게 '放心吧(안심해)'라고 말한 것을 통해 여자는 **A 男的(남자)**를 안심시키고 싶다는 것을 알 수 있다.

A 李老师 B 同学的男朋友 C 高中同学	A 이 선생님 B 학우의 남자친구 C 고등학교 동창
男：我今天在路上看见小李了。 女：就是你以前常说的那个高中同学？ 男：是，一开始我都没认出来，他比以前瘦了，头发也长了。 女：这么多年没见面，当然会觉得变化大。 问：男的遇见谁了？	남: 나 오늘 길에서 샤오리를 봤어. 여: 네가 이전에 자주 말한 그 고등학교 동창? 남: 응, 처음에 나는 못 알아봤어. 그는 이전에 비해 살이 빠졌고, 머리카락도 길어졌어. 여: 이렇게 수년 동안 만나지 않았으니 당연히 변화가 크다고 느낄 거야. 질문: 남자는 누구를 마주쳤는가?

단어 路 lù 명 길 | 以前 yǐqián 명 이전 | 同学 tóngxué 명 학우 | 瘦 shòu 형 마르다 | 头发 tóufa 명 머리카락 | 觉得 juéde 동 느끼다, 생각하다 | 变化 biànhuà 명 변화

해설 남자가 길에서 샤오리를 봤다는 말에 여자가 '那个高中同学(그 고등학교 동창)'냐고 물었고, 남자가 '是(응)'이라고 대답했다. 따라서 답은 **C 高中同学(고등학교 동창)**이다. 보기가 모두 인물에 대해 나와있으므로 그 부분을 잘 들어야 한다.

A 图书馆 B 家里 C 商店	A 도서관 B 집 안 C 상점
女：这把椅子有点儿低，坐着不舒服。 男：没关系，我们上四层去看看吧，那儿也有。 女：还有桌子，我们也一起换吧。 男：同意。我们先看桌子和椅子，然后再看看别的。 问：他们最可能在哪儿？	여: 이 의자는 조금 낮아서 앉아있는 것이 불편해. 남: 상관없어. 우리 4층에 올라가서 좀 보자. 거기에도 있어. 여: 그리고 책상도 우리 같이 바꾸자. 남: 동의해. 우리 먼저 책상이랑 의자를 보고, 그 다음에 다른 것을 다시 한번 보자. 질문: 그들은 어디에 있을 가능성이 가장 높은가?

| 단어 | 椅子 yǐzi 명 의자 | 有点儿 yǒudiǎnr 부 조금, 약간 | 低 dī 형 낮다 | 桌子 zhuōzi 명 책상 | 换 huàn 동 바꾸다 | 同意 tóngyì 동 동의하다 |

해설 녹음에 장소가 직접적으로 언급되지 않았기 때문에 대화하는 상황을 통해 장소를 유추해야 한다. '桌子和椅子(책상과 의자)'처럼 가구와 관련된 단어들이 등장하고, '换(바꾸다)', '上四层去看看(4층에 올라가서 좀 보자)' 등을 통해 그들이 있는 장소는 C 商店(상점)이라는 것을 유추할 수 있다.

문제 29

A 没拿眼镜	A 안경을 가져오지 않았다
B 不想学习	B 공부하고 싶지 않다
C 没带铅笔	C 연필을 챙기지 않았다

女: 我忘记拿眼镜了。	여: 나 안경 가져오는 것을 잊었어.
男: 黑板上的字你能看清楚吗?	남: 칠판 위의 글자 너 분명히 볼 수 있어?
女: 有点儿看不清楚，我们坐前面吧。	여: 조금 분명하게 보이지 않아. 우리 앞쪽에 앉자.
男: 好的。	남: 알겠어.
问: 女的怎么了?	질문: 여자는 왜 그런가?

단어 忘记 wàngjì 동 잊다 | 拿 ná 동 가지다 | 眼镜 yǎnjìng 명 안경 | 黑板 hēibǎn 명 칠판 | 字 zì 명 글자 | 清楚 qīngchu 형 명확하다, 분명하다 | 坐 zuò 동 앉다 | 前面 qiánmiàn 명 앞쪽

해설 여자의 첫마디에서 '我忘记拿眼镜(나 안경 가져오는 것을 잊었어)'이라고 했다. 만약 여자의 첫마디를 놓쳤더라도 칠판의 글자가 분명히 보이지 않아서 앞쪽에 앉자고 하는 부분을 통해서 여자가 A 没拿眼镜(안경을 가져오지 않았다)이라는 것을 유추할 수 있다.

문제 30

A 8:05	A 8:05
B 8:50	B 8:50
C 9:05	C 9:05

女: 喂，我已经到国家图书馆了，你到哪儿了?	여: 여보세요? 나는 이미 국가도서관에 도착했는데 너 어디쯤 도착했어?
男: 我还有一两站才到，你等我一会儿。	남: 나 아직 한두 정거장 있어야 비로소 도착해. 너 나를 잠시만 기다려.
女: 不着急，才八点零五，还有时间。	여: 서두르지 마, 아직 8시 05분이야. 아직 시간 있어.
男: 好的，一会儿见。	남: 알겠어, 이따 보자.
问: 现在几点了?	질문: 지금은 몇 시인가?

단어 已经 yǐjīng 부 이미 | 到 dào 동 도착하다 | 还 hái 부 더, 아직 | 站 zhàn 명 역, 정거장 | 才 cái 부 아직, 겨우 | 着急 zháojí 동 급하다, 서두르다 | 时间 shíjiān 명 시간

해설 남자가 아직 도착하지 못한 상황이다. 이에 여자는 조급해하지 말라며 '才八点零五(아직 8시 05분이야)'라고 말했다. '零'은 숫자 '0'을 뜻하는 단어로 답은 A 8:05이다.

유형별 전략 01 실전 문제 정답 ▶p.101

1. D	**2.** B	**3.** E	**4.** C	**5.** A

문제 1

D 这个周末你打算去哪儿? 1. 我要带我女儿去动物园，她很想看大熊猫。	D 이번 주말에 너는 어디에 갈 계획이야? 1. 나는 내 딸을 데리고 동물원에 갈 예정이야. 딸이 판다를 매우 보고 싶어해.

해설 문제가 대답이 되는 유형이므로 보기에서 질문을 찾아야 한다. 1번 문제는 '去动物园(동물원에 간다)'이 주요 내용이기 때문에 어디에 갈 것인지 물어보는 내용을 보기에서 찾으면 된다. D에서 '打算去哪儿(어디에 갈 계획이냐)'이라고 묻고 있기 때문에 보기 **D**와 1번이 서로 호응하는 문장이다.

TIP 打算 dǎsuàn ~할 계획이다

문제 2

B 关电脑吧，我们该走了。 2. 等一下，我很快就看完这个电子邮件。	B 컴퓨터 꺼. 우리 가야 돼. 2. 조금만 기다려. 나는 이 이메일을 곧 다 봐가.

해설 2번 문제 역시 질문하는 내용이라기보다는 대답하는 내용이기 때문에 보기에서 상응하는 질문을 찾아야 한다. '看完这个电子邮件'을 통해서 지금 이메일을 보고 있다는 것을 알 수 있고, 이와 호응하는 문장으로 보기 B의 '电脑(컴퓨터)'를 찾아주면 된다. 따라서 보기 **B**와 2번이 서로 연결된다.

TIP 该…了 gāi…le (시간이 되어) ~해야 한다

문제 3

3. 你知道怎么去那儿吗? E 当然。我们先坐公共汽车，然后换地铁。	3. 너 거기 어떻게 가는지 알아? E 당연하지. 우리 먼저 버스를 타고, 그 다음에 지하철로 갈아 타자.

해설 3번에서 '怎么去那儿吗? '이라고 물으며 가는 방법을 물었기 때문에 이에 대한 대답으로 교통수단인 '公共汽车(버스)'와 '地铁(지하철)'가 나열되어 있는 보기 **E**를 찾아주면 된다.

TIP 先 A, 然后 B xiān A, ránhòu B 먼저 A하고 그 다음에 B하다

문제 4

4. 外面真热，有什么喝的吗? C 冰箱里有牛奶和咖啡，还有果汁，你要哪个?	4. 바깥이 정말 덥다. 무슨 마실 것이 있니? C 냉장고 안에 우유와 커피가 있고 과일주스도 있는데, 너는 어떤 것을 원해?

해설 문제와 보기에 같은 동사 '有(있다)'가 등장하고 있으며, 마실 것이 있냐고 묻는 질문을 보고 음료가 나열되어 있는 보기 **C**를 찾으면 된다.

문제 5

5. 你的手机找到了吗? A 是，我打扫房间的时候发现了，就在椅子下面。	5. 너 휴대전화 찾았니? A 응, 내가 방을 청소할 때 발견했어. 바로 의자 밑에 있었어.

해설 휴대전화를 찾았냐고 묻고 있다. 문제 5번에서 찾는 목적어인 '手机(휴대전화)'가 보기 A에 직접적으로 나오지는 않지만 '找到了吗? (찾았니?)'에 대한 대답으로 '发现了(발견했다)'가 나오기 때문에 5번과 보기 A가 서로 호응한다.

유형별 전략 02 실전 문제 정답 ▶p.104

1. D　　**2.** A　　**3.** E　　**4.** C　　**5.** B

문제 1

1. 桌子上的礼物是送给谁的? D 我爸爸，明天是他的生日。	1. 책상 위의 선물은 누구에게 줄 거야? D 우리 아빠, 내일은 아빠 생신이야.

해설 누구에게 주냐(送给谁)는 1번 질문에 '爸爸(아빠)'라는 대상으로 대답하는 보기 D가 답이다. 또한, 관련된 단어로는 '礼物(선물)'와 '生日(생일)'가 있기 때문에 연관된 단어를 통해서도 1번과 보기 D가 서로 연결되는 문장임을 알 수 있다.

TIP 送给 + 대상: ~에게 보내다, 선물하다

문제 2

A 快去洗手，准备吃饭，你哥哥呢? 2. 他在看电视，我去叫他。	A 빨리 가서 손을 씻고 밥 먹을 준비해. 네 형은? 2. 형은 TV를 보고 있어요. 제가 가서 형을 부를게요.

해설 문제 2번 문장에서 주어 '他(그)'를 통해 남자라는 것을 알 수 있고, 그가 무엇을 하고 있는지 대답하고 있기 때문에 이에 대한 질문을 보기에서 찾으면 된다. 형의 행방·행동을 묻는 질문인 A를 답으로 고른다. 따라서 보기 A와 2번이 서로 연결되는 문장이다.

문제 3

3. 叔叔，这个你买的时候花了多少钱? E 你相信吗? 这张桌子去年春天卖100万。	3. 삼촌, 이거 살 때 얼마 썼어요? E 너 믿기니? 이 책상 작년 봄에 100만 위안에 팔았어.

해설 문제에서 얼마를 썼는지 묻고 있다. 보기에서 값과 관련된 문장은 보기 E 하나뿐이기 때문에 답은 E가 된다. 얼마를 주고 샀냐고 물었지만 그 당시에 100만 위안에 팔았다고 대답했다. 같은 동사를 사용하지는 않았지만 반의어를 사용했고, 문맥상 3번과 보기 E가 서로 이어진다. 의문문과 의문문으로 이어진 문장이니 주의하자!

TIP '花 huā'는 명사로는 '꽃'이라는 의미지만, 동사로 쓰이면 '(돈이나 시간을) 쓰다, 소비하다'라는 의미이다.

문제 4

4. 你上次去的那个饭馆儿离这儿远吗? C 很近，走路10分钟就能到。	4. 너 지난번에 간 그 식당 여기에서 멀어? C 가까워. 걸어서 10분이면 바로 도착할 수 있어.

| 해설 | 거리를 묻는 질문에는 대부분 '近(가깝다)' 혹은 '远(멀다)'으로 답할 수 있다. 보기 중 C의 첫 문장이 '很近(가깝다)'으로 시작하기 때문에 4번은 보기 **C**와 연결된다. |

TIP 离 + 기준점 + 近/远: 기준점에서부터의 거리가 가깝다/멀다

문제 5

| B 你歌唱得真好，学多久了？
5. 我从8岁就开始学，一直到现在。 | B 너 노래 정말 잘 부른다. 얼마나 배웠어？
5. 나는 8살 때부터 배우기 시작해서 현재까지 계속 배우고 있어. |

| 해설 | 문제 5번은 8살 때부터 배우기 시작했다고 대답하는 내용이기 때문에 배운 기간을 묻는 문장을 보기에서 찾는다. 보기 중 B가 문장 끝에 '学多久了？ (얼마나 배웠어?)'라고 묻고 있기 때문에 보기 **B**와 5번이 서로 연결된다. 문제와 보기에서 공통적으로 등장하는 동사 '学(배우다)'를 보고도 답을 쉽게 찾을 수 있다. |

TIP 从 + 시간/장소 + 동사: 시간/장소에서부터 ～을 하다

유형별 전략 03 실전 문제 정답 ▶p.108

1. B **2.** C **3.** E **4.** A **5.** D

문제 1

| 1. 姐，祝你生日快乐！
B 这是我送你的礼物，你看看喜不喜欢？ | 1. 언니, 생일 축하해！
B 이건 내가 언니한테 주는 선물이야. 좋은지 안 좋은지 한번 볼래？ |

| 해설 | 문제 1번에서 생일 축하 표현과 보기 중 B의 '礼物(선물)'를 보고 생일에 선물을 주는 내용임을 파악할 수 있다. 따라서 1번은 보기 **B**와 서로 연결된다. |

문제 2

| C 哥哥的书包用了四年，已经很旧了。
2. 我早就想给他买个新的。 | C 형의 책가방은 4년 동안 사용해서 이미 너무 낡았어.
2. 나는 일찍이 그에게 새것을 사주고 싶었어. |

| 해설 | 문제 2번에서 무엇인가를 일찍이 새로 사주고 싶었다고 말하고 있다. 이 문장은 보기 C에서 책가방을 4년 동안 써서 너무 낡았다는 문장과 의미상 이어진다. 따라서 보기 **C**와 2번이 서로 연결되는 문장이다. |

문제 3

| 3. 我们去坐电梯吧。
E 他的办公室在3层，还是走上去吧，锻炼锻炼身体。 | 3. 우리 엘리베이터 타러 가자.
E 그의 사무실은 3층에 있으니 걸어서 올라가는 게 낫겠어. 몸을 좀 단련하자. |

| 해설 | 엘리베이터를 타러 가자는 문장에 이어질 수 있는 문장은 3층은 비교적 높지 않으므로 걸어 올라가자는 내용의 보기 **E**이다. 반의어나 동의어는 나오지 않았지만 해석을 통해 문장의 흐름을 파악해서 답을 이어주는 것도 중요하다. |

TIP 还是 háishi ～하는 것이 낫겠다

문제 4

4. 你鼻子上有东西，右边，就是那儿。 A 现在呢? 干净了吗?	4. 네 코 위에 뭔가 있어. 오른쪽, 바로 거기야. A 지금은? 깨끗해졌어?

해설 4번은 코에 무언가가 있다면서 위치를 알려주고 있다. 이와 흐름상 맞는 문장은 코에 묻은 것을 처리한 뒤 깨끗이 지워졌는지 묻는 표현인 보기 A이다. 문맥을 파악해서 정답을 골라야 하는 문제이다.

문제 5

5. 昨天课上讲的这些题，你会做吗? D 遇到问题时不要太着急。我觉得金老师一定 可以帮你的忙。	5. 어제 수업에서 설명했던 이 문제들, 너 할 수 있어? D 문제에 마주쳤을 때 너무 조급해하지 마. 내 생각에 김 선 생님은 반드시 너를 도와주실 거야.

해설 문제 5번에서는 어제 수업 시간에 했던 문제들을 할 수 있는지에 대해 묻고 있다. 이와 관련된 문장으로, 문제에 마주치면 김 선생님이 도와줄 것이니 조급해하지 말라는 내용인 D가 와야 적합하다. D문장이 길어서 해석하기 두려울 수 있지만 앞에서부터 차근히 문맥을 파악하는 연습을 하자.

유형별 전략 04 실전 문제 정답 ▶p.112

1. B **2.** D **3.** E **4.** A **5.** C

문제 1

B 李小姐，这双鞋真漂亮，谢谢你。 1. 不客气，你喜欢就好。	B 이 아가씨, 이 신발 정말 예뻐요. 고마워요. 1. 천만에요. 당신이 좋으면 됐어요.

해설 '不客气(천만에요)'는 고맙다는 표현에 대한 대답으로 보기에서 고맙다는 표현을 찾아서 연결하면 된다. 보기 B의 마지막 말 '谢谢(고마워요)'를 보고 답을 쉽게 찾을 수 있다. 따라서 보기 B와 1번이 연결되는 문장이다.

TIP '谢谢'에 대한 대답으로 '不客气' 외에도 '不用谢', '不用客气' 등이 있다.

문제 2

2. 这么小就会写自己的名字了? 真不简单。 D 大家都觉得她又聪明又可爱。	2. 이렇게 어린데 자기 이름을 쓸 수 있다고? 정말 대단하다. D 모두들 그녀가 똑똑하고 귀엽다고 생각해.

해설 반의어나 동의어가 없기 때문에 해석을 통해 답을 찾아야 한다. 아주 어린데 자기 이름을 쓸 수 있다는 내용을 통해 똑똑하다고 유추할 수 있다. 보기 D에 '聪明(똑똑하다)'이 나왔기 때문에 문제 2번은 보기 D와 연결되는 문장이다.

TIP 真不简单 zhēn bù jiǎndān 정말 대단하다
又 A 又 B: A하기도 하고 B하기도 하다

문제 3

3. 上次会议上说的那些问题解决了吗? E 已经都解决了，校长，您放心吧。	3. 지난번 회의에서 말했던 그 문제들 해결했어요? E 이미 모두 해결했어요. 교장선생님, 안심하세요.

해설 '解决了吗? (해결했어요?)'라는 물음에 E에서 이미 모두 해결했다고 대답하며 같은 단어인 '解决'가 반복해서 등장하고 있다. 따라서 3번은 보기 **E**와 서로 연결되는 문장으로 비교적 쉽게 답을 찾을 수 있다.

문제 **4**

4. 快点儿吧，再有一个小时就要考试了。 A 别担心，我坐公共汽车，20分钟就到学校了。	4. 빨리! 한 시간 더 있으면 곧 시험이야. A 걱정하지 마, 나 버스 타고 20분이면 바로 학교에 도착해.

해설 문제 4번에서 시험 시간이 다가오기 때문에 빨리 오라고 재촉하고 있다. 이에 대한 대답으로 A의 '别担心(걱정하지 마)'이라는 감정 표현이 나오면 적합하다. 그리고 '一个小时(한 시간)'과 '20分钟(20분)'처럼 시간과 관련된 표현이 문제와 보기에 모두 등장했으니 이 부분도 눈여겨 볼 만하다. 따라서 4번은 보기 **A**와 서로 연결되는 문장이다.

TIP 就要…了 jiù yào…le 곧 ~할 것이다 [동작의 임박을 나타냄]

문제 5

C 这次比赛，世界很多国家的运动员都来参加了。 5. 这是一个很好的机会，但我对自己的游泳成绩不太满意。	C 이번 시합은 세계 여러 나라의 선수들이 모두 참가했다. 5. 이것은 좋은 기회이다. 그러나 나는 내 수영 성적에 대해 그다지 만족하지 않는다.

해설 문제에 등장한 '成绩(성적)'는 시험이나 시합에 대한 결과를 나타내는데 이에 대해 만족을 하지 않는다고 나와있다. 보기 C에서 '比赛(시합)'가 등장하는 것을 통해 보기 **C**와 5번이 서로 연관된 문장이라는 것을 알 수 있다.

TIP 对…不太满意 duì…bú tài mǎnyì ~에 대해 그다지 만족하지 않다

부분별 전략 실전 문제 정답 ▶p.116

1. D	**2.** A	**3.** E	**4.** C	**5.** B
6. D	**7.** A	**8.** C	**9.** E	**10.** B

문제 1-5

문제 1

1. 你跳舞跳得真好，学多久了？ D 我从6岁就开始学，一直到现在。	1. 너 춤 정말 잘 춘다. 얼마나 배웠어? D 나는 6살부터 배우기 시작해서, 계속해서 지금까지 배우고 있어.

해설 문제 1번의 끝이 배운 기간을 묻는 의문 형식으로 끝났으므로 기간에 대해 대답하는 문장을 찾아야 한다. 보기 중 D의 '从6岁就开始学(6살부터 배우기 시작했다)'라는 내용이 이어서 오면 적절하다. 따라서 1번은 보기 **D**와 연결되는 문장이다.

TIP 从… 到… cóng… dào… ~에서부터 ~까지

A 我不饿，就是有点儿渴。 2. 那你在这儿休息一下，我看看附近有没有卖饮料的。	A 나는 배가 고프지 않아. 그냥 목이 조금 말라. 2. 그러면 너는 여기에서 좀 쉬고 있어. 내가 근처에 음료를 파는 곳이 있는지 한번 볼게.

해설 '渴(목마르다)'와 '饮料(음료)'는 관련 있는 단어이기 때문에 두 문장이 연결되면 적합하다. 목이 마르기 때문에 음료를 파는 곳이 있는지 보는 것으로 보기 A와 문제 2번이 연결되는 문장이다.

TIP '喝(마시다)'와 '渴(목이 마르다)'는 한자가 비슷하게 생겼기 때문에 잘 확인한 후 암기하고 해석에 주의하자.

문제 3

3. 大家都去上体育课了，你怎么没去？ E 我身体有点儿不舒服，就先回教室了。	3. 다들 체육 수업을 하러 갔는데, 너는 어째서 가지 않았어? E 나는 몸이 조금 불편해서, 먼저 교실로 돌아왔어.

해설 문제에서 '体育课(체육 수업)'와 E의 '教室(교실)'는 모두 학교와 관련된 단어들이다. 이렇게 상황과 관련된 핵심 단어로도 답을 쉽게 유추할 수 있다. 여기서 더 확실히 답을 결정짓기 위해 내용상 맞는지 확인해보면, 수업에 가지 못한 이유를 묻고 답하고 있는 문제 3번과 보기 E가 연결되는 문장임을 알 수 있다.

문제 4

C 明天的考试要带铅笔。 4. 没问题，我昨天已经准备好了。	C 내일 시험 반드시 연필을 챙겨야 해. 4. 문제 없어, 나 어제 이미 잘 준비했어.

해설 문제 4번의 '没问题(문제 없다)'는 앞에 나온 상황에 대한 대답으로 보기에서 이와 관련된 선 문장을 찾아야 한다. 이미 잘 준비했기 때문에 문제 없다는 대답을 했으므로 C의 '要带铅笔(연필을 챙겨야 한다)'라는 내용과 어울린다. 따라서 보기 C와 문제 4번이 연결되는 문장임을 알 수 있다.

문제 5

B 这双运动鞋是新买的？花了多少钱？ 5. 700多块钱，虽然比较贵，但是穿着很舒服。	B 이 운동화 새로 산 거야? 얼마에 샀어? 5. 700위안 정도. 비록 비교적 비싸지만 신었을 때 아주 편해.

해설 문제 5번의 시작 부분에서 '700多块钱(700위안 정도)'이라고 가격을 말하고 있다. 그렇기 때문에 '花了多少钱？(얼마에 샀어?)'이라며 가격을 묻고 있는 보기 B 문장과 어울린다.

문제 6-10

문제 6

6. 我很担心，你一个人去中国留学。 D 没问题，我会照顾好自己的。	6. 너 혼자 중국에 유학하러 가는 것이 나는 너무 걱정이 돼. D 문제 없어요. 나는 혼자 잘 지낼 거예요.

해설 문제 6번에서는 '我很担心(나는 너무 걱정이 돼)'이라며 걱정을 하고 있다. 이에 대한 대답으로 D의 '没问题(문제 없어요)'가 적합하다. 따라서 문제 6번은 보기 D와 연결되는 문장임을 알 수 있다. 기쁘다, 슬프다, 걱정하다 등 감정과 관련된 표현들을 기억해두자.

TIP 会…的 huì…de ~할 것이다

7. 黑板上的那个字怎么读? 是"漂亮"的"亮"吗? A 我也不知道，正想查词典呢，查完我告诉你。	7. 칠판 위에 저 글자 어떻게 읽어? '漂亮'의 '亮'인가? A 나도 모르겠어. 사전을 찾아보려고 생각 중이야. 다 찾고 내가 너한테 알려줄게.

해설   문제 7번에서 핵심 단어는 '字(글자)'이다. 이와 관련된 핵심 단어를 보기에서 찾으면 A의 '查词典(사전을 찾다)'이 된다. 문제 안에서 핵심 단어를 찾은 후, 보기에서 이와 관련된 또 다른 핵심 단어를 찾는다면 수월하게 답을 찾을 수 있다. 따라서 7번은 보기 **A**와 연결되는 문장이다.

8. 现在除了小王，其他人都来了。 C 他刚打电话说，马上到，让我们再等几分钟。	8. 지금 샤오왕 외에 다른 사람은 모두 왔어. C 그가 방금 전화해서 말하길, 곧 도착하니 우리에게 몇 분 더 기다려달라고 했어.

해설   직접적으로 힌트를 주는 단어가 없기 때문에 전체적인 내용을 파악해서 답을 찾아야 하는 문제이다. 문제에서는 '小王(샤오왕)'이 늦은 상태이기 때문에 '马上到(곧 도착한다)'라는 문장이 들어간 **C**와 연결되는 문장이다.

9. 他在给别人照相呢。 E 大家都向我这儿看，来，笑一笑，一二三!	9. 그는 다른 사람에게 사진을 찍어주고 있다. E 모두들 제가 있는 여기를 보세요. 자, 좀 웃으세요. 하나, 둘, 셋!

해설   문제 9번은 대화 형식이 아닌 상황을 설명하는 문장이다. 사진을 찍는 상황에 맞는 문장을 보기에서 찾으면 보기 **E**에서 여길 보고 웃으라고 말하는 내용일 것이다. 이러한 유형으로도 출제되기 때문에 다양한 문제를 통해 다양한 문장 유형에 익숙해져야 한다.

10. 你这条裙子有点儿短。 B 真的? 那我穿裤子好了。	10. 너 이 치마 조금 짧아. B 정말? 그럼 나 바지를 입는 것이 좋겠다.

해설   문제에서 치마가 짧다는 말에 이어질 수 있는 문장은 보기 **B**의 '那我穿裤子好了(그럼 나 바지를 입는 것이 좋겠다)'이다. 이처럼 두 문장 모두 옷과 관련된 단어들이 나왔다는 것에서 힌트를 얻을 수 있으므로 상황마다 관련된 단어들을 다시 한번 정리해두자.

독해 | 제2부분

유형별 전략 01 실전 문제 정답 ▶p.123

1. E **2.** C **3.** B **4.** B **5.** D **6.** A

문제 1-3

A 种	B 中间	C 信	D 邻居	E 条
A 종류	B 중간	C 편지	D 이웃	E 가늘고 긴 것 등을 세는 단위

문제 1

这个周末我想去商店买（ ）裙子，你去不去？	이번 주말에 나는 상점에 가서 치마 한 (벌)을 사고 싶어. 너 갈래 말래?

해설 술어 '买(사다)' 뒤에는 목적어 '裙子(치마)'가 있고 그 앞이 빈칸이기 때문에 보어 또는 관형어 자리이다. 보기를 보면 보어 성분으로 쓰일 만한 단어가 없다. 따라서 치마를 수식할 수 있는 단어를 찾아주면 된다. E '条'는 가늘고 긴 것을 세는 단위로 옷 중에서는 주로 바지와 치마를 셀 때 쓴다.

TIP 수양명, 지양명! '수사/지시대명사 + 양사 + 명사'

문제 2

弟弟去国外后，经常给妈妈写（ ）。	남동생은 해외에 간 후에 자주 어머니께 (편지)를 쓴다.

해설 술어 '写(쓰다)' 뒤가 빈칸이고 목적어가 없기 때문에 '写'에 대한 목적어를 보기에서 찾으면 C 信(편지)이 정답이 된다.

문제 3

小李，你站爸爸和妈妈（ ），让弟弟站后面。	샤오리, 너는 아빠와 엄마 (중간)에 서고, 남동생은 뒤쪽에 서게 해라.

해설 의미상 '站(서는)'의 위치가 '爸爸和妈妈(아빠와 엄마)'의 '中间(중간)'이 되어야 적절하다. 답은 B 中间(중간)이다.

문제 4-6

A 伞	B 筷子	C 附近	D 关心	E 普通话
A 우산	B 젓가락	C 근처	D 관심	E 보통화

문제 4

A: 你准备了几双（ ）？ B: 三双啊。	A: 너 (젓가락) 몇 쌍 준비했어? B: 세 쌍.

해설 양사 '双' 뒤가 빈칸이다. '双'은 짝을 이루고 있는 것을 세는 단위이므로 보기에서 '双'을 이용해서 셀 수 있는 단어는 **B** 筷子(젓가락) 밖에 없다.

문제 5

A: 那个药的作用怎么样? 你的腿好些了吗? B: 好多了，谢谢你的（　　　）。	A: 그 약의 효과는 어때? 네 다리는 좀 괜찮아졌어? B: 많이 좋아졌어. 너의 (관심) 고마워.

해설 A가 걱정을 하고 있고, B가 그에 대한 대답으로 고맙다고 한다. 따라서 내용상 **D** 关心(관심)이 정답으로 가장 적합하다.

문제 6

A: 外面还在下雨吗? B: 在下大雨，儿子今天上学没带（　　　）， 我一会儿去接他吧。	A: 밖에 아직 비와? B: 비가 많이 와. 아들이 오늘 등교할 때 (우산)을 가져가지 않았어. 내가 잠시 후에 그를 데리러 갈게.

해설 비가 오는 상황이고, 술어 '带(지니다, 휴대하다)' 뒤에 무엇을 챙기지 않았는지에 대한 목적어가 없다. 비와 관련된 내용이므로 챙기지 않은 것이 **A** 伞(우산)임을 쉽게 유추할 수 있다.

유형별 전략 02 실전 문제 정답　　　　　　　　　　▶p.126

1. D	**2.** A	**3.** B	**4.** E	**5.** D	**6.** C

문제 1-3

A 举行	B 说	C 坏	D 回答	E 花
A 개최하다	B 말하다	C 고장 나다	D 대답하다	E 소비하다

문제 1

你能（　　　）黑板上的这个问题吗?	너 칠판 위의 이 문제에 (대답할) 수 있어?

해설 조동사 뒤가 빈칸이고 빈칸 뒤에는 목적어가 있기 때문에 빈칸의 위치는 술어 자리라는 것을 알 수 있다. 목적어 자리의 '问题(문제)'를 보고 이 단어와 관련된 동사 **D** 回答(대답하다)를 넣어준다.

TIP 자주 붙어 나오는 동사와 목적어 조합은 통으로 외워두자.
  ⑩ 回答问题 huídá wèntí 문제에 대답하다

문제 2

这次会议要在我们学校（　　　），所以最近 老师们特别忙。	이번 회의는 우리 학교에서 (개최할) 것이다. 그래서 요즘 선 생님들이 특히 바쁘다.

해설 빈칸에는 '会议(회의)'라는 주어에 어울리는 술어가 필요하다. 보기 중에서 '회의를 ~하다'로 가장 알맞은 술어는 **A** 举行(열다, 개최하다)이다.

TIP 举行会议 jǔxíng huìyì 회의를 개최하다

문제 3

跟以前比，现在我汉语（　　　）得好多了。	이전과 비교했을 때, 현재 나는 중국어를 훨씬 잘 (말한다).

해설　'得' 앞이 빈칸이므로 빈칸에는 술어 성분이 필요하다. '得'는 술어와 뒤에서 술어를 꾸며주는 보어 사이에서 수식 관계를 나타내는 역할을 하기 때문에 '得' 앞이 빈칸일 경우는 무조건 술어 자리라는 것을 알 수 있다. '汉语(중국어)'와 관련된 동사인 **B** 说(말하다)를 찾아준다.

TIP　A + 比 + B + 형용사 + 多了: A가 B보다 훨씬 더 ～하다

문제 4-6

A 记得	B 睡	C 试	D 骑	E 照顾
A 기억하고 있다	B (잠을) 자다	C 시도해보다	D 타다	E 돌보다

문제 4

A: 路上小心，到了宿舍给妈妈打个电话。 B: 好的，你就放心吧，我会（　　　）好自己的。	A: 길 조심해. 기숙사 도착하면 엄마한테 전화해. B: 알았어요. 안심하세요. 저는 스스로를 잘 (돌볼) 거예요.

해설　조동사 '会(～할 것이다)' 뒤가 빈칸이고 빈칸 뒤에는 결과보어 '好'가 있는 것을 통해 빈칸은 술어 자리임을 알 수 있다. '自己(스스로)'를 ～하다라는 의미로 가장 알맞은 술어는 **E** 照顾(돌보다)이다.

TIP　'会'가 '～할 것이다'라는 의미로 쓰일 경우 주로 문장 끝에 '的'와 호응하여 '会…的' 형식으로 쓰인다.

문제 5

A: 从家到公司要花多长时间？ B: （　　　）自行车的话，半个小时。	A: 집에서부터 회사까지 얼마의 시간이 걸려요? B: 자전거를 (타면) 30분이요.

해설　목적어 '自行车(자전거)'에 대한 동사가 필요하기 때문에 답은 **D** 骑(타다)이다. '骑'는 주로 다리를 벌려서 타는 '자전거, 오토바이, 말 등을 타다'라는 의미로 쓰인다.

TIP　① 자동차, 버스 등을 탈 때는 동사 '坐 zuò'를 쓴다.
　　　② …的话 …dehuà ～한다면

문제 6

A: 这件衣服很好看！ B: 颜色很漂亮，你（　　　）一下。	A: 이 옷 보기 좋다! B: 색이 예쁘다. 너 한번 (입어 봐).

해설　주어 뒤, '一下(한번)' 앞이 빈칸이므로 빈칸에는 동사술어가 필요하다. 옷을 구경하고 있는 상황을 통해 답은 **C** 试(시도해보다)라는 것을 알 수 있다.

TIP　동사 + 一下: 한번 (좀) ～해보다 [동작에 대한 가벼운 시도를 나타냄]

| **1.** D | **2.** C | **3.** E | **4.** A | **5.** D | **6.** B |

문제 **1-3**

A 渴	B 短	C 可爱	D 白	E 高
A 목마르다	B 짧다	C 귀엽다	D 하얗다	E 높다

문제 **1**

天晴了，你看，外面蓝天（ ）云，真漂亮啊。	날이 맑아졌어. 너 봐, 바깥에 파란 하늘 (흰) 구름을! 정말 예쁘다.

해설   '云(구름)'이라는 명사 앞이 빈칸이다. 앞을 보면 '天(하늘)'이 '蓝(푸르다)'이라는 형용사의 수식을 받고 있기 때문에 '云' 역시 앞에서 수식해줄 수 있는 단어를 찾는다. 답은 **D** 白(하얗다)이다. 형용사는 여러 문장 성분이 될 수 있는데 이 문장에서는 명사를 꾸며주는 관형어 역할을 한다.

문제 **2**

大熊猫胖胖的，真（ ）！	판다가 아주 통통해, 정말 (귀여워)!

해설   정도부사 '真(정말)' 뒤가 빈칸이다. 형용사는 술어로 쓰일 경우 문장 안에 혼자 쓰일 수 없기 때문에 대부분 앞에 정도부사와 짝을 이룬다. 그런데 보기의 단어들은 모두 형용사이기 때문에 답을 찾기 어려우므로 앞에 나온 명사 '大熊猫(판다)'를 통해서 문맥상 가장 적절한 답을 고르면 **C** 可爱(귀엽다)라는 것을 알 수 있다.

문제 **3**

我应该对自己要求（ ）一点儿，对别人要求低一点儿。	나는 마땅히 나에 대한 요구는 좀 (높이고), 다른 사람에게 요구하는 것은 좀 낮춰야 한다.

해설   문장 뒷부분을 보면 쉼표를 기준으로 앞뒤 문장 형식이 같은 것을 알 수 있다. 문맥상 '低一点儿(조금 낮추다)'을 통해 앞 문장에는 반의어 '高(높다)'를 넣어준다. 따라서 답은 **E** 高(높다)이다.

TIP   형용사 + 一点儿: (다른 것에 비해) 조금/약간 형용사하다

문제 **4-6**

A 奇怪	B 清楚	C 饱	D 满意	E 迟到
A 이상하다	B 분명하다	C 배부르다	D 만족하다	E 지각하다

문제 **4**

A：（ ），我的书怎么不见了？ B：刚才在教室我还看见了，是不是你离开时忘拿了？	A: (이상하다). 내 책이 왜 보이지 않지? B: 방금 교실에서 내가 봤어. 너 떠날 때 가져오는 것을 잊은 거 아니야?

빈칸의 앞뒤에는 아무것도 없기 때문에 단독으로 쓰일 수 있는 술어가 들어간다는 것을 알 수 있다. 보기 단어 중 어떤 내용 없이 바로 술어로 쓰일만한 단어는 **A** 奇怪(이상하다)이다.

문제 5

A: 怎么样? 这房子您还 （　　　） 吗? B: 很好，但我还想看看其他的。	A: 어때요? 이 집에 당신은 (만족합니까)? B: 좋아요. 그러나 저는 다른 것을 좀 더 보고 싶어요.

문장에 술어가 없기 때문에 빈칸에는 술어 역할을 할 단어가 필요하다. 어떤 물음에 대해 바로 뒤에 대답이 '很好(좋다)'라고 나왔기 때문에 빈칸에는 **D** 满意(만족하다)가 들어가면 적합하다.

문제 6

A: 喂，你声音太小，我听不 （　　　）。 B: 等一下，我在电梯里。	A: 여보세요? 너 목소리가 너무 작아. 나 (분명하게) 들을 수 가 없어. B: 잠시만 기다려. 나 엘리베이터 안이야.

전화를 하는 상황이고 상대방의 목소리가 너무 작아서 정확하게 들을 수 없다는 내용이 필요하기 때문에 답은 **B** 清楚(분명하다)이다.

유형별 전략 04 실전 문제 정답 ▶p.135

1. A   **2.** C   **3.** E   **4.** D   **5.** E   **6.** A

문제 1-3

A 一直	B 想	C 在	D 经常	E 会
A 계속	B 생각하다	C ~에서	D 항상	E ~할 것이다

문제 1

（　　　）到会议结束，大家也没想出来办法。	(계속) 회의가 끝날 때까지, 모두들 방법을 생각해내지 못했다.

문장 맨 앞에 빈칸이 있는데 주어 자리도 주어를 수식하는 관형어 자리도 아니다. 그렇다면 문장 맨 앞에서 문장 전체를 수식하는 부사어 자리인데 여기에는 주로 시간명사, 일부 부사들이 들어간다. 보기에 시간에 관련된 명사가 없기 때문에 보기 중 하나밖에 없는 부사 **A** 一直(계속)가 정답이 된다. 의미상으로도 '회의가 끝날 때까지 줄곧'이라고 해석되어야 적합하다.

想出来 xiǎngchūlái (머릿속에 없던 것을) 생각해 내다
想起来 xiǎngqǐlái (이미 알고 있던 것이) 생각나다, 생각이 떠오르다

문제 2

请 （　　　） 地图上找一下中国。	지도 위(에서) 중국을 한번 찾아주세요.

'找(찾다)'라는 술어 앞에 '地图上(지도 위)'이 있지만 이는 주어는 아니다. 술어를 수식하는 부사어 자리에 가장 많이 들어가는 품사 중 명사와 짝을 이뤄 쓰이는 것은 전치사이다. 보기에서 의미상 적절한 전치사를 찾으면 답은 **C** 在(~에서)이다.

在…上 zài…shang ~위에서 / ~상에서 [방면]

문제 3

别担心，他的病一定（　　　　）好的。	걱정하지 마. 그의 병은 반드시 좋아 (질 거야).

해설 맨 앞에는 이미 주어 '他(그)'가 있고, 빈칸 뒤에는 술어 '好(좋다)'가 있으며 빈칸 앞에는 부사 '一定(반드시)'이 있다. 그렇다면 빈칸에 들어갈 수 있는 단어의 품사는 조동사 또는 전치사인데, 전치사는 뒤에 주로 명사와 함께 전치사구를 만들지만 빈칸 뒤에는 명사가 없기 때문에 조동사 자리라는 것을 알 수 있다. 따라서 답은 조동사 **E 会**(~할 것이다)이다.

TIP　会…的　huì…de　~할 것이다

문제 4-6

A 从	B 简单	C 终于	D 突然	E 应该
A ~에서부터	B 간단하다	C 마침내	D 갑자기	E 마땅히 ~해야 한다

문제 4

A: 我的电影票放哪儿了? 怎么（　　　）找不到? B: 是不是和报纸放在一起了?	A: 내 영화표 어디 놓았지? 어째서 (갑자기) 찾을 수가 없는 거지? B: 신문이랑 같이 놓은 것 아니야?

해설 술어 '找(찾다)' 앞이 빈칸이고 해석상 주어 자리는 아니기 때문에 술어를 수식할 수 있는 단어를 찾는다. 보기 A는 전치사이기 때문에 괄호 뒤에는 명사가 필요하지만 명사가 없으므로 답이 아니고, C는 부사이므로 술어를 수식할 수 있지만 의미상 적합하지 않다. 해석을 통해 의미상 적절한 답은 부사 **D 突然**(갑자기)이라는 것을 알 수 있다.

문제 5

A: 那家公司让我去面试，你说我去不去啊? B: 我觉得这个机会不错，你（　　　）试试。	A: 그 회사가 나에게 면접을 보러 오라고 했어. 너 말해봐, 나 갈까, 가지 말까? B: 내 생각에 이 기회는 괜찮은 것 같아. 너는 한번 시도해 (봐야 해).

해설 동사 중첩 '试试(한번 시도해보다)' 앞이 빈칸이고 빈칸 앞에는 주어가 있으므로 역시나 술어를 수식하는 부사어 자리이다. 좋은 기회이기 때문에 마땅히 시도해봐야 한다는 의미가 되어야 적합하므로 답은 조동사 **E 应该**(마땅히 ~해야 한다)가 된다.

문제 6

A: 地铁站远不远? B: （　　　）这儿到地铁站走路的话需要20分钟。	A: 지하철역이 먼가요, 안 먼가요? B: 여기(에서부터) 지하철역까지 걸어간다면 20분이 필요해요.

해설 '这儿(여기)'이 혼자 쓰이면 의미상 문장이 어색하고 뒤쪽에 '到(~까지)'가 있는 것을 통해서 전치사 **A 从**(~에서부터)이 답이다.

TIP　从…到…　cóng…dào…　~에서부터 ~까지

1. D　　　　**2.** A　　　　**3.** C　　　　**4.** E　　　　**5.** A　　　　**6.** B

문제 **1-3**

A 也	B 不是	C 而且	D 因为	E 只有
A ~도	B ~아니라	C 게다가	D 왜냐하면	E 오직 ~해야만

문제 **1**

( ) 突然有事，所以我不能去看电影。	갑자기 일이 생겼기 (때문에) 그래서 나는 영화를 보러 갈 수 없다.

해설　'所以'는 앞에 주로 **D** 因为(~때문에)와 호응되어서 '어떠한 원인으로 인해 그래서 ~하다'라는 의미로 쓰인다.

TIP　因为 A, 所以 B yīnwèi A, suǒyǐ B (왜냐하면) A하기 때문에 그래서 B하다

문제 **2**

爸爸也说，妈妈 ( ) 说，我到底听谁的话?	아빠도 말하고 엄마(도) 말한다. 나는 도대체 누구의 말을 들어야 하는가?

해설　'也(~도)'는 다른 사람의 행동과 같은 행동을 한다는 의미로 주로 주어가 2개 나온다. 앞에 '爸爸也说'에서 '说(말하다)'가 반복해서 나온 것을 보고 빈칸에도 같은 패턴으로 **A** 也(~도)를 넣어준다.

TIP　A + 也 + 술어, B + 也 + 술어: A도 ~하고, B도 ~하다

문제 **3**

天气非常冷，( ) 还在下雪。	날씨가 매우 춥다. (게다가) 여전히 눈이 내리고 있다.

해설　날씨가 매우 추운데 밖에는 눈까지 내리는 상황이기 때문에 점층관계 접속사 **C** '而且(게다가)'를 사용한다. '而且'는 앞에 나온 상황보다 더 심화된 상황을 뒤쪽에 나열한다.

TIP　在 + 동사: ~하고 있는 중이다 [진행]

문제 **4-6**

A 一边	B 除了	C 还是	D 所以	E 但是
A 한편으로	B ~를 제외하고	C 아직도, 또는	D 그래서	E 그러나

문제 **4**

A: 这条怎么样? B: 这条裙子虽然漂亮，( ) 有点儿短。	A: 이거 어때? B: 이 치마 예뻐, (그러나) 조금 짧아.

해설	빈칸 앞 문장에서 접속사 '虽然(비록 ~이지만)'을 볼 수 있다. '虽然'은 혼자 쓰이기보다는 뒤에 **E 但是**(그러나)와 자주 호응해서 쓰인
	다. 따라서 다른 단어들을 잘 몰라도 자주 출제되는 접속사들이 주로 어떤 단어와 짝을 이루는지 알아두면 답을 쉽게 찾을 수 있다.

TIP	虽然 A, 但是 B suīrán A, dànshì B 비록 A하지만, 그러나 B하다

문제 5

A: 你别一边走路，（　　　）看手机，这样对眼睛不好。 B: 好，我知道了。	A: 너 길을 걸으면서 (한편으로) 휴대전화를 보지 마. 이렇게 하는 것은 눈에 좋지 않아. B: 그래, 알겠어.

해설	'一边(한편으로 ~하다)'은 두 동작을 동시에 행하고 있음을 알려주는 단어로, '一边 + 동사, 一边 + 동사' 형식으로 쓰인다. 앞 문장
	에 '一边'이 쓰였고 형식도 같기 때문에 빈칸에도 **A 一边**(한편으로 ~하다)을 넣어준다.

TIP	① 一边 A, 一边 B yìbiān A, yìbiān B A하면서 B하다
	② 对…不好 duì…bù hǎo ~에 좋지 않다

문제 6

A: 周末你（　　　）在家休息以外，还做什么呢？ B: 有时看看电视，有时洗洗衣服，打扫打扫房间。	A: 주말에 너 집에서 쉬는 것 외에 또 무엇을 하니? B: 때로는 TV를 보고, 때로는 옷을 세탁하고, 방 청소를 해.

해설	뒤쪽에 '以外(이외에)'가 있고, 다음 문장에 나온 '还(또한)'를 통해서 답은 **B 除了**(~을 제외하고)라는 것을 알 수 있다. '除了'는 혼자
	쓰일 수도 있지만 뒤에 '以外'와 자주 호응하고, 혼자 쓰일 경우에도 뒤 문장에는 '还'가 나와 '~외에도 또 ~하다'라는 의미로 자주 쓰
	인다.

TIP	① 除了…以外 chúle…yǐwài ~이외에, ~을 제외하고
	② 有时 A, 有时 B yǒushí A, yǒushí B 때로는 A하고 때로는 B하다

부분별 전략 01 실전 문제 정답　　　　▶p.146

1. C	**2.** A	**3.** B	**4.** E	**5.** D
6. D	**7.** C	**8.** B	**9.** A	**10.** E

문제 1-5

A 分	B 兴趣	C 提高	D 像	E 说
A 편(分)	B 흥미	C 향상시키다	D 닮다	E 말하다

문제 1

我相信在老师的帮助下，你的汉语水平一定会（　　　）的。	나는 선생님의 도움 아래에서 너의 중국어 수준이 반드시 (향상될) 것이라고 믿는다.

해설 빈칸 앞에는 조동사 '会(~일 것이다)'가 있기 때문에 빈칸에는 술어가 필요하다. 앞쪽에 주어 '汉语水平(중국어 수준)'과 짝을 이룰 수 있는 단어는 **C** 提高(향상시키다)이다.

TIP 提高水平 *tígāo shuǐpíng* 수준을 향상시키다

문제 2

找您4角5（　　　　），欢迎再来。	0.45위안 거슬러드립니다. 또 오세요.

해설 '找'는 '거슬러주다'라는 뜻을 가진다. 화폐 단위 '角(지아오)'가 앞에 나와있기 때문에 빈칸에는 '角'보다 작은 화폐 단위인 **A** 分(펀)이 정답이다.

TIP 元 > 角(元의 1/10) > 分(元의 1/100)

문제 3

他从小就对电子游戏感（　　　　），长大后他选择了和游戏有关的工作。	그는 어렸을 때부터 컴퓨터 게임에 (흥미)를 느꼈고, 성장한 후 그는 게임과 관련된 회사를 선택했다.

해설 빈칸 앞에 '感(느끼다)'이라는 동사술어가 있기 때문에 빈칸에는 목적어가 필요하다. 문맥을 보면 '컴퓨터 게임에 ~를 느꼈다'는 내용이므로, **B** 兴趣(흥미)가 와서 '对…感兴趣(~에 흥미를 느끼다)'라는 뜻이 되면 가장 적합하다.

문제 4

跟以前比，我现在的普通话（　　　　）得好多了。	이전과 비교해보면, 나는 현재 표준어 (말하는) 것이 많이 좋아졌다.

해설 빈칸 뒤에 나온 '得'를 통해 빈칸에는 동사술어가 필요하다는 것을 알 수 있다. 보기 중 **E** 说(말하다)가 '普通话(표준어)'와 관련된 동사이므로 정답이 된다.

문제 5

从地图上看，黄河很（　　　　）一个"几"字。	지도상으로 보면 황허는 하나의 '几'자를 (닮았다).

해설 빈칸 앞에 정도부사 '很'이 있어서 빈칸에는 형용사가 필요하다고 생각할 수 있지만 빈칸 뒤에 목적어가 있기 때문에 동사가 필요하다. 해석해보면 강이 '几' 모양과 매우 닮았다는 내용으로 답은 **D** 像(닮다)이다.

문제 6-10

A 礼物	B 双	C 河	D 检查	E 差
A 선물	B 짝, 쌍	C 강	D 검토하다	E 모자라다

문제 6

A: 我终于做完了数学作业。 B: 要不要再（　　　　）一下？	A: 나는 마침내 수학 숙제를 다 했어. B: 다시 한번 (검토할) 필요 없어?

해설 빈칸 앞에는 부사 '再(다시, 또)'가 있고 빈칸 뒤에는 '一下'가 있는 것으로 보아 빈칸에는 동사가 필요하다. '一下'는 동사 뒤에서 쓰여 '한번(좀) ~하다'라는 의미로 쓰인다. A 문장 해석을 통해 보기 중 가장 적절한 답은 **D** 检查(검토하다)라는 것을 알 수 있다.

독해 59

| A: 地图上这儿有条（　　　　），怎么没看见啊?
B: 你看错了，在前面啊。 | A: 지도상으로 이곳에는 (강)이 있는데 어째서 보이지 않지?
B: 너 잘못 봤어. 앞쪽에 있잖아. |

해설　빈칸 앞에 있는 '条'는 가늘고 긴 것을 세는 단위로 주로 길, 강, 바지, 치마 등을 셀 때 쓰이는 양사이다. 따라서 보기 중 이에 해당하는 명사는 **C 河**(강)이다.

| A: 服务员，我们这儿还少了一（　　　　）筷子。
B: 对不起，我马上给您拿。 | A: 종업원, 우리 여기 아직 한 (쌍)의 젓가락이 부족해요.
B: 죄송합니다. 제가 곧 가져다 드릴게요. |

해설　빈칸 앞에는 숫자 '一(일, 1)', 빈칸 뒤에는 명사 '筷子(젓가락)'가 있으므로 빈칸에는 양사가 필요하다. 보기 중 젓가락을 세는 양사로 쓰일 수 있는 것은 **B 双**(짝, 쌍)이다.

TIP　수양명(수사 + 양사 + 명사), 지양명(지시대명사 + 양사 + 명사)을 기억하자!

| A: 过两天是爷爷的生日，你给他买（　　　　）
没有?
B: 我准备给他买个新手机。 | A: 이틀 지나면 할아버지의 생신이야. 너 할아버지께 드릴
(선물) 샀어?
B: 나는 할아버지께 새 휴대전화를 사드리려고 준비했어. |

해설　빈칸 앞에는 '买(사다)'라는 동사가 있기 때문에 빈칸에는 무엇을 사는지 그 목적어가 필요하다. 앞에 나온 '生日(생일)'라는 단어와 어울리고, 구매가 가능한 명사는 보기 중에 **A 礼物**(선물) 밖에 없다.

TIP　문장 끝에 '没有'는 '없다'라는 의미가 아니라 더 간단한 의문 형식을 만들어주는 역할을 한다.

| A: 现在几点? 我的手表又坏了。
B: 我看一下，现在（　　　　）一刻八点。 | A: 지금 몇 시야? 내 손목시계가 또 고장 났어.
B: 내가 한번 볼게. 지금 15분 (모자란) 8시야. |

해설　시간과 관련된 문장에 들어갈 수 있는 단어는 보기 중 **E 差**(모자라다)이다. '差'가 시간과 관련해서 쓰이면 우리말로 '몇 시 되기 몇 분 전'과 같은 표현에서 '~전'이란 뜻을 나타낸다.

부분별 전략 02 실전 문제 정답　　　　　▶p.152

| **1.** E | **2.** A | **3.** D | **4.** C | **5.** B |
| **6.** C | **7.** D | **8.** E | **9.** A | **10.** B |

A 可爱	B 然后	C 很	D 必须	E 如果
A 귀엽다	B 그 다음	C 아주	D 반드시	E 만약

문제 1

( ) 你有不懂的地方就去找王老师。	(만약) 네가 이해되지 않는 부분이 있다면 바로 왕 선생님을 찾아 가.

해설 주어 앞이 빈칸일 경우 시간명사 또는 일부 부사, 접속사 등이 들어갈 수 있는데 보기 중에는 시간명사나 주어 앞으로 들어갈 수 있는 부사가 없다. 따라서 접속사 중 해석을 통해 답이 될 수 있는 것은 **E 如果**(만약)이다. 또한 뒤에 나오는 '**就**'를 통해 '如果 A, 就 B (만약 A라면, B할 것이다)'라는 구문을 떠올리면 답을 쉽게 찾을 수 있을 것이다.

문제 2

大熊猫胖胖的，真（ ）！	판다가 아주 통통하다. 정말 (귀여워)!

해설 정도부사 뒤가 빈칸이고 빈칸 뒤에는 아무것도 없기 때문에 형용사가 필요하다는 것을 알 수 있다. 보기 중 품사가 형용사이며 문맥상으로도 어울리는 단어는 **A 可爱**(귀엽다)밖에 없으므로 A가 정답이 된다.

문제 3

为了更好地解决问题，（ ）提高自己的水平。	더 좋게 문제를 해결하기 위해서 자신의 실력을 (반드시) 향상시켜야 한다.

해설 '提高(향상시키다)'라는 동사 앞이 빈칸이므로 주어 혹은 술어를 수식하는 부사어로 쓰이는 단어들 중 하나가 들어갈 수 있다. 보기 중 주어가 될 수 있는 단어는 없으며, 접속사 B 然后(그 다음)와 부사 C 很(아주)은 의미상 맞지 않기 때문에 답은 부사 D 必须(반드시)가 된다.

문제 4

比赛要求（ ）简单，10分钟，谁踢进的球最多，谁就是第一。	시합이 요구하는 것은 (아주) 간단하다. 10분에 누가 넣은 공이 가장 많으냐에 따라 그가 바로 1등이 된다.

해설 형용사 앞이 빈칸이다. 형용사가 술어로 쓰일 땐 그 앞에 정도부사가 필요하다. 보기 중에 정도부사이며 문맥상 적절한 단어는 **C 很**(아주)이다.

문제 5

我们先买衣服（ ）吃饭吧。	우리 먼저 옷을 사고 (그 다음에) 밥 먹으러 가자.

해설 앞쪽에 '先(먼저)'을 보고 빈칸에는 그 다음 일어날 상황이 나와야 함을 알 수 있다. 따라서 보기 중에서 **B 然后**(그 다음에)가 가장 적합하다. '先 A, 然后 B'는 '먼저 A하고 그 다음 B하다'라는 뜻으로 자주 붙어서 쓰인다.

문제 6-10

A 久	B 能	C 而且	D 疼	E 会
A 오랫동안	B ~할 수 있다	C 게다가	D 아프다	E ~할 것이다

문제 6

A: 那本书你还了吗？ B: 对，没什么意思，（ ）很多地方看不懂。	A: 그 책 너 반납했어? B: 응, 재미도 없고 (게다가) 많은 부분을 이해할 수 없어.

해설	정도부사 앞이 빈칸이지만 주어가 될 수 있는 단어가 없기 때문에 문맥상 가장 적합한 단어인 접속사 **C 而且**(게다가)가 답이 된다.

TIP	'**还**'는 부사로 쓰일 때 'hái'로 발음되며 '여전히, 또'라는 의미이고, 동사로 쓰일 때는 'huán'으로 발음되며 '돌려주다, 반납하다'라는 의미이다. '**还**' 뒤에 다른 동사가 나오지 않고, 특히나 위의 문장과 같이 '**了**'가 있을 경우 부사가 아닌 동사로 쓰였다는 것을 알 수 있다.

문제 **7**

A: 你很长时间没锻炼，下午和我去爬山吧。 B: 我昨天刚踢了足球，今天腿还（　　　）。	A: 너 오랫동안 단련하지 않았어. 오후에 나랑 같이 등산하러 가자. B: 나 어제 막 축구를 했어. 오늘 다리가 아직 (아파).

해설	의미상 부사로 쓰인 '**还**(여전히)' 뒤가 빈칸이고 빈칸 뒤에는 목적어가 없으므로 빈칸에는 형용사술어가 필요하다. 보기 중에 '腿(다리)'와 관련해서 형용사술어로 쓰일 수 있는 단어는 **D 疼**(아프다)이다.

문제 **8**

A: 现在几点了？我们不（　　　）迟到吧？ B: 别担心，还有一个多小时呢。	A: 지금 몇 시야? 우리 늦는 거 아니(겠지)? B: 걱정하지 마. 아직 한 시간 정도 남았어.

해설	빈칸 앞에는 부정부사 '**不**(아니다)'가 있고 빈칸 뒤에는 술어 '**迟到**(늦다)'가 있다. 따라서 빈칸에는 조동사 또는 전치사구가 들어갈 수 있는데 전치사구는 보기에 없으며, 조동사 중 문맥상 답이 될 수 있는 것은 **E 会**(~할 것이다)이다.

문제 **9**

A: 姐，你怎么去了那么（　　　）？ B: 今天银行里人太多了。	A: 누나(언니), 어째서 그렇게 (오랫동안) 갔었어? B: 오늘 은행에 사람이 너무 많았어.

해설	빈칸 앞에는 정도를 나타내는 단어 '**那么**(그렇게)'가 있기 때문에 빈칸에는 형용사가 필요하다. 따라서 보기 중 빈칸에 들어갈 적절한 형용사는 **A 久**(오랫동안)가 된다.

문제 **10**

A: 阿姨，我要出国两个星期，您（　　　）帮我照顾一下我的猫吗？ B: 当然可以。	A: 아주머니, 저는 2주 동안 출국해야 합니다. 저를 도와 제 고양이를 좀 돌봐주(실 수 있나요)? B: 당연히 가능해요.

해설	주어와 술어 사이가 빈칸이므로 술어를 수식할 수 있는 단어가 필요하다. 즉, '부사, 조동사, 전치사구' 등이 들어갈 수 있다. 보기의 조동사 중 의미상 답이 될 수 있는 것은 **B 能**(~할 수 있다)이다.

독해 | 제3부분

유형별 전략 01 실전 문제 정답				▶p.159
1. C	**2.** C	**3.** C	**4.** B	**5.** A

문제 1

新买的空调比以前那个旧的好多了，它的声音非常小，几乎没有声音，不会影响我们的工作和休息。	새로 산 에어컨은 이전의 그 낡은 것보다 훨씬 좋다. 그것은 소리도 매우 작아서 거의 소리가 없다. 우리의 일과 휴식에 영향을 주지 않을 것이다.
★ 新买的空调怎么样？ A 用电多 B 出现了问题 C 声音很小	★ 새로 산 에어컨은 어떤가? A 전기를 많이 사용한다 B 문제가 나타났다 C 소리가 작다

해설　새로 산 에어컨이 이전 것보다 좋다고 하면서 좋은 이유 중 하나가 소리가 작다는 것이었다. '它(그것)'는 지시대명사로 사람 이외의 사물이나 동물 등을 가리킬 때 쓴다. 이 문단에서 '它'는 앞에서 말한 새로 산 에어컨을 가리키기 때문에 답은 **C 声音很小**(소리가 작다)이다.

TIP　A + 比 + B + 술어 + 多了: A가 B보다 훨씬 ~하다

문제 2

每天工作前，他都会用不同颜色的笔写出今天要做的事情。黑色的表示只是一般的事情，红色的表示这件事很着急、很重要，必须完成。	매일 일을 하기 전, 그는 색이 다른 펜을 사용해서 오늘 해야 할 일을 써낼 것이다. 검은색이 나타내는 것은 단지 일반적인 일이고, 빨간색은 급하고, 중요하며 반드시 완성해야 하는 일을 나타낸다.
★ 根据这段话，红色表示： A 不着急的事情 B 需要别人帮助的事情 C 要快点儿做完的事情	★ 이 말에 근거하여, 빨간색이 나타내는 것은: A 급하지 않은 일 B 다른 사람의 도움이 필요한 일 C 빨리 완성해야 하는 일

해설　문제를 먼저 보고 빨간색이 의미하는 것이 무엇인지 지문에서 찾아야 한다. 지문 마지막에 '红色的表示…(빨간색은 ~을 나타낸다)'에서 나열되어 있는 부분을 확인한다. 답을 고를 때 보기 중 A에 '着急(급하다)'는 빨간색이 의미하는 것에 포함되지만 앞에 '不'가 붙어 있으므로 답이 될 수 없으니 주의하자. 따라서 답은 **C 要快点儿做完的事情**(빨리 완성해야 하는 일)이 된다.

문제 3

手机使我们的学习、工作越来越方便，除了打电话，写短信外，还可以照相，有时候真的方便。	휴대전화는 우리의 학습과 일을 점점 편리하게 한다. 전화를 걸고, 문자를 쓰는 것 이외에, 또 사진도 찍을 수 있다. 가끔은 정말 편리하다.
★ 手机经常被用来： A 做练习 B 上网 C 写短信	★ 휴대전화가 종종 쓰이는 곳은: A 연습하는 데 B 인터넷을 하는 데 C 문자를 쓰는 데

해설　휴대전화가 어떻게 사용되는지 지문에서 찾아보자. 지문과 보기에 '写短信(문자를 쓰다)'이 그대로 나와있기 때문에 답은 **C 写短信**(문자를 쓰다)이 된다. 요즘 휴대전화로도 인터넷을 할 수 있지만 지문에는 인터넷을 하는 것과 관련된 내용이 없기 때문에 답이 될 수 없다.

TIP　除了…(以)外　chúle…(yǐ)wài　~이외에, ~을 제외하고

你看，这上面写着1.31元，前面的1表示元，中间的3表示角，最后的1表示分。明白了吗?	너 봐. 여기 위에 1.31위안이라고 쓰여있어. 앞쪽에 1이 의미하는 것은 위안(元), 중간에 3이 의미하는 것은 지아오(角), 마지막 1이 의미하는 것은 펀(分)이야. 이해했어?
★ 中间的数字表示: A 元 B 角 C 分	★ 가운데 숫자가 의미하는 것은: A 위안(元) B 지아오(角) C 펀(分)

해설　중국 화폐 단위에 대해 설명하고 있다. 문제에서 묻는 것은 가운데 숫자가 의미하는 것이기 때문에 지문에서 '中间(가운데)'을 찾아 내용을 확인한다. 가운데 숫자가 의미하는 것은 '角', 따라서 답은 **B 角**(지아오)이다.

TIP　'元(위안)', '角(지아오)', '分(펀)'은 중국의 화폐 단위이다. 元 > 角 > 分 순으로 단위가 커서, 가장 큰 단위는 '元'이고 가장 작은 단위는 '分'이다.

中午看新闻了吗? 我很快就可以坐13号地铁了。13号地铁经过我家附近，以后，我上班就方便了，从我家到公司只要花15分钟，比坐公共汽车快多了。	정오에 뉴스 봤어? 나 곧 13호선 지하철을 탈 수 있게 되었어. 13호선 지하철은 우리 집 근처를 지나가. 이후에 나는 출근이 곧 편리해질 거야. 우리 집에서부터 회사까지 단지 15분이 걸릴 거야. 버스를 타는 것보다 훨씬 빨라.
★ 13号地铁: A 离他家不远 B 比坐公共汽车慢 C 旁边有火车站	★ 13호선 지하철은: A 그의 집에서부터 멀지 않다 B 버스를 타는 것보다 느리다 C 옆쪽에 기차역이 있다

해설　13호선 지하철에 대해 묻고 있다. 그의 집 근처를 지나간다는 것과 그의 집에서 멀지 않다는 것은 같은 의미이기 때문에 답은 **A 离他家不远**(그의 집에서부터 멀지 않다)이 된다.

유형별 전략 02　실전 문제 정답　▶p.163

1. A　　　**2.** A　　　**3.** B　　　**4.** C　　　**5.** C

他姓高，但是长得不高，只有一米六。同学们都说: "我们以后叫你小高吧。" 他笑着回答: "当然可以，过去朋友们都这么叫我。"	그의 성은 '까오'이다. 그러나 키는 크지 않아 1m 60cm 밖에 되지 않는다. 학우들은 모두 "우리 앞으로 너를 '샤오까오'라고 부를 거야"라고 말한다. 그는 웃으면서 "당연히 가능하지, 과거에 친구들도 모두 이렇게 나를 불렀어."라고 대답했다.

★ 关于他，可以知道什么?	★ 그에 관해서, 무엇을 알 수 있는가?
A 比较矮	A 비교적 작다
B 头发很长	B 머리카락이 길다
C 他姓王	C 그의 성은 '왕'이다

해설 문제를 먼저 확인한 후 지문에서 그와 관련된 내용을 찾자. '但是(그러나)'를 주의하자. '但是', '可是'와 같은 전환관계 접속사 뒤에는 상황이 전환되기 때문이다. 그의 성은 '高(높다, 크다)'이지만 키는 '不高(낮다, 작다)'라고 한 첫 문장을 통해서 '그의 키는 크지 않다'라는 것을 알 수 있다. 따라서 답은 **A 比较矮**(비교적 작다)이다. '矮'는 '키가 작다'로 '不高'와 같은 뜻이다.

TIP '长 zhǎng'은 동사로 '자라다, 성장하다, (외모가) 생기다'라는 의미를 갖는다. 참고로 '长'이 '길다'라는 의미를 나타낼 때는 'cháng'으로 발음되니 주의하자.

문제 2

这家饭馆很有名，来吃饭的人很多，主要是因为他们家的菜又好吃又便宜，所以大家都愿意来。	이 식당은 유명해서 밥을 먹으러 오는 사람이 많다. 주로 그들 식당의 요리가 맛있고 또 저렴하기 때문에, 그래서 모두가 오기를 원한다.
★ 那家饭馆:	★ 그 식당은:
A 菜不贵	A 요리가 비싸지 않다
B 不新鲜	B 신선하지 않다
C 对客人要求高	C 손님에 대한 요구가 높다

해설 그 식당은 맛도 좋고 값이 저렴하다고 특징이 나열되어 있다. 요리가 신선하지 않다는 것과 손님에 대한 요구가 높다는 내용은 나와 있지 않으며, 지문의 '便宜(저렴하다)'와 보기 A의 '不贵(비싸지 않다)'는 같은 의미이기 때문에 답은 **A 菜不贵**(요리가 비싸지 않다)이다.

TIP 又 A 又 B yòu A yòu B A하기도 하고 B하기도 하다
因为 A，所以 B yīnwèi A, suǒyǐ B 왜냐하면 A하기 때문에 그래서 B하다

문제 3

现在人们经常会看到"二手车"、"二手房"这样的词语，这个"二手"是什么意思? 它表示东西被人用过了，不是新的。但因为二手的东西很便宜，而且有的几乎没用过，所以有很多人买。	현재 사람들은 종종 '중고차', '중고집' 이러한 단어를 볼 수 있을 것이다. 이 '중고'는 무슨 뜻인가? 그것은 물건이 사람에 의해 사용되어 새것이 아닌 것을 의미한다. 그러나 중고 물건은 저렴하며, 게다가 어떤 것은 거의 사용되지 않았기 때문에 많은 사람들이 산다.
★ "二手"的东西:	★ '중고' 물건은:
A 很难买到	A 사기 어렵다
B 比较便宜	B 비교적 저렴하다
C 太脏了	C 너무 더럽다

해설 문단 앞부분에는 '二手(중고)'가 무슨 의미인지 설명하고 있다. '二手'는 가격이 저렴해서 많이 산다고 했기 때문에 답은 **B 比较便宜**(비교적 저렴하다)가 된다.

TIP '但(그러나)'은 전환관계 접속사로, 앞에 나온 내용을 전환하기 때문에 뒤쪽 내용을 잘 확인해야 한다.

邻居张叔叔是小学校长。他每天都第一个到学校，最后一个离开。他常说，如果工作是你自己感兴趣的，再累也是快乐的。	이웃의 장 아저씨는 초등학교 교장이다. 그는 매일 가장 먼저 학교에 도착하고 맨 마지막에 떠난다. 그는 만약에 일이 네 스스로가 흥미를 느끼는 것이라면, 더 피곤해도 기쁘다고 늘 말한다.
★ 张叔叔： A 爱帮助学生 B 对老师们很热情 C 喜欢自己的工作	★ 장 아저씨는： A 학생을 돕는 것을 좋아한다 B 선생님들에게 친절하다 C 자신의 일을 좋아한다

해설 장 아저씨는 가장 먼저 학교에 도착하고 가장 마지막에 떠난다는 것과 지문 뒷부분 아저씨가 한 말을 토대로 그는 자신의 일을 좋아한다는 것을 알 수 있다. 학생과 선생님에 대한 내용은 없기 때문에 답을 쉽게 찾을 수 있다. 정답은 **C** 喜欢自己的工作(자신의 일을 좋아한다)이다.

前天我在网上买了一双鞋，今天就拿到了。虽然颜色跟我在网上看的不太一样，但穿在脚上非常舒服，我比较满意。	그저께 나는 인터넷에서 신발 한 켤레를 샀고, 오늘 받았다. 비록 색깔이 내가 인터넷에서 봤던 것과 그다지 같지 않지만 발에 신어보니 매우 편하다. 나는 비교적 만족한다.
★ 根据这段话，可以知道那双鞋： A 卖完了 B 很贵 C 穿着舒服	★ 이 문단에 근거하여, 그 신발에 대해 알 수 있는 것은： A 다 팔렸다 B 비싸다 C 신기 편하다

해설 비록 색깔은 그다지 같지 않았지만 신어보니 편하다는 내용을 통해 답은 **C** 穿着舒服(신기 편하다)라는 것을 알 수 있다. 문장 안에 '但(是)'이 있다면 내용이 전환되기 때문에 뒤에 나오는 내용을 잘 확인해야 한다.

TIP 虽然 A, 但(是) B suīrán A, dàn(shì) B 비록 A하지만 B하다

유형별 전략 03 실전 문제 정답 ▶p.166

1. C	**2.** A	**3.** B	**4.** C	**5.** B

越高的地方越冷，山路也越难走。但是不用担心，有我呢，我去年春天爬过这个山，这儿我比较了解。我饿了，我们先坐下吃点儿饭吧，然后再爬。一会儿我们可以从中间这条路上去。	높은 장소일수록 춥고, 산길 역시 걷기 어려워. 그러나 걱정하지 마, 내가 있잖아. 나는 작년 봄에 이 산을 오른 적이 있어서 이곳은 내가 비교적 잘 알아. 나 배고픈데, 우리 먼저 앉아서 밥을 조금 먹고 그 다음에 다시 오르자. 잠시 후에 우리는 중간에 이 길을 통해 올라갈 거야.

★ 根据这段话，可以知道什么？	★ 이 문단에 근거해서 알 수 있는 것은 무엇인가?
A 现在是春季	A 지금은 봄이다
B 今天是阴天	B 오늘은 흐리다
C 他来过这儿	C 그는 이곳에 온 적이 있다

해설 그가 '我去年春天爬过这个山(나는 작년 봄에 이 산을 오른 적이 있어)'이라고 말한 것을 토대로 그가 이곳에 와봤다는 것을 알 수 있다. 현재 계절에 대한 내용이나 날씨가 흐린지 언급한 내용도 없기 때문에 답은 C 他来过这儿(그는 이곳에 온 적이 있다)이 된다.

TIP 越 A, 越 B yuè A, yuè B A하면 할수록 B하다

문제 2

| 太阳从西边出来了吗？他今天怎么这么早就起床了？他一般都要睡到9点以后才起来。 | 해가 서쪽에서 떴나? 그가 오늘 어째서 이렇게 일찍 일어났지? 그는 보통 9시 이후에야 일어나잖아. |

★ 根据这段话，可以知道今天:	★ 이 문단에 근거해서 오늘에 대해 알 수 있는 것은:
A 他起得早	A 그가 일찍 일어났다
B 天气不好	B 날씨가 좋지 않다
C 他没起床	C 그는 일어나지 않았다

해설 우리말의 '해가 서쪽에서 떴다'도 일어나기 힘든 일이 일어났다는 의미를 갖는다. 그리고 뒤에 나온 '他今天怎么这么早就起床了? (그가 오늘 어째서 이렇게 일찍 일어났지?)'라는 문장을 통해서 보통 늦게 일어나던 그가 오늘 일찍 일어났다는 것을 알 수 있다. 따라서 답은 A 他起得早(그가 일찍 일어났다)이다.

문제 3

| 西瓜的汁儿很多，吃的时候小心点儿，要低下头，不要吃得脸上、衣服上都是。 | 수박은 즙이 많아서, 먹을 때 조심해야 한다. 머리를 낮게 내려야 하고, 얼굴과 옷 위로 먹어서도 안 된다. |

★ 吃西瓜时必须:	★ 수박을 먹을 때는 반드시:
A 站着	A 서있어야 한다
B 低着头	B 머리를 낮게 하고 있어야 한다
C 多喝水	C 물을 많이 마셔야 한다

해설 수박은 즙이 많아서 옷이나 얼굴에 묻을 수 있기 때문에 머리를 아래로 향하게 하고 먹어야 한다는 내용이다. 따라서 답은 B 低着头(머리를 낮게 하고 있어야 한다)이다. 지문에 '要低下头(머리를 낮게 내려야 한다)'라는 표현이 나왔기 때문에 비교적 답을 찾기 쉬울 것이다.

TIP '低 dī'는 '높이가 낮다'라는 의미이다.

문제 4

| "再见"是一个很有意思的词语。"再见"表示"再一次见面"，所以人们离开时说"再见"，其实也是希望以后再见面。 | '잘 가(再见)'는 재미있는 단어이다. '再见'은 '다시 한 번 만나자'는 것을 의미한다. 그래서 사람들은 이별할 때 '再见'이라고 말하는데, 사실 이후에 다시 만날 수 있기를 역시나 희망하는 것이다. |

★ "再见" 出现在什么时候？ A 睡觉前 B 见面 C 离开	★ '再见'은 언제 나타나는가？ A 잠 자기 전 B 만날 때 C 헤어질 때

해설 '再见'을 한자 그대로 해석하면 '다시 만나다'라는 뜻을 가지기 때문에 헤어질 때 하는 인사말이다. 따라서 답은 **C 离开**(헤어질 때)이다.

문제 5

笑笑，冰箱里有牛奶、蛋糕、还有个西瓜，渴了你就自己拿，别客气，就像在自己家一样。	샤오샤오, 냉장고 안에 우유, 케이크, 그리고 수박이 있어. 목이 마르면 네가 스스로 가져가. 사양하지 말고. 너희 집에 있듯이 (편히) 있어.
★ 笑笑： A 想吃蛋糕 B 在别人家做客 C 爱吃面包	★ 샤오샤오는： A 케이크를 먹고 싶다 B 다른 사람 집의 손님이다 C 빵 먹는 것을 좋아한다

해설 샤오샤오에게 사양하지 말고 자기 집처럼 있으라는 내용을 통해서 샤오샤오는 다른 사람 집에 손님으로 갔다는 것을 유추할 수 있다. 전체적인 흐름을 파악하면 답이 보인다. 따라서 답은 **B 在别人家做客**(다른 사람 집의 손님이다)이다.

TIP 像⋯一样 xiàng⋯yíyàng ～와 같다

유형별 전략 04 실전 문제 정답 ▶p.169

1. A **2.** B **3.** A **4.** A **5.** C

문제 1

"笑一笑，十年少。"这是中国人经常说的一句话，意思是笑的作用很大，笑会让人年轻10岁。我们应该常笑，这样才能使自己年轻。	'웃으면 10년은 젊어진다.' 이것은 중국인이 종종 말하는 한 문장이다. 웃음의 작용은 아주 커서 웃는 것은 사람을 10년 젊게 한다는 의미이다. 우리는 마땅히 자주 웃어야 하고, 이렇게 하는 것은 비로소 자기 자신을 젊어지게 할 수 있다.
★ 根据这段话，可以知道： A 人应该快乐 B 笑能使人聪明 C 爱笑的人更热情	★ 이 문단에 근거해서 알 수 있는 것은： A 사람은 즐거워야 한다 B 웃음은 사람을 똑똑하게 한다 C 잘 웃는 사람이 더 친절하다

해설 사람이 웃으면 즐거워지고 그로 인해 우리 몸이 젊어진다는 내용이다. "笑一笑，十年少。"를 해석해보면 '웃으면 10년은 젊어진다.'라는 의미이다. 웃음이 사람을 똑똑하게 한다는 내용과 웃는 사람이 더 친절하다는 내용은 없기 때문에 가장 적합한 답은 **A 人应该快乐**(사람은 즐거워야 한다)이다.

문제 2

一般来说，我们可以从一个人选择和什么样的人做朋友了解他。同样，也可以从一个人对书的选择上认识他。因为书也是我们的朋友。	일반적으로 말해, 우리는 한 사람이 어떤 사람과 친구를 하는지로부터 그를 이해할 수 있다. 마찬가지로, 한 사람의 책에 대한 선택상으로도 역시나 그를 알 수 있다. 왜냐하면 책도 우리의 친구이기 때문이다.
★ 根据这段话，书可以帮助我们： A 完成作业 B 了解一个人 C 看清楚自己	★ 이 문단에 근거해서 책이 우리를 도와줄 수 있는 것은: A 숙제를 완성하도록 B 한 사람을 알도록 C 자신을 분명히 보도록

해설 이 문제는 우리말에 '주변 사람들을 보면 그 사람이 어떤 사람인지 알 수 있다'라는 말과 같은 내용이다. '同样(마찬가지로)' 뒤에는 앞과 같은 흐름의 이야기가 나온다. 해석해보면, '마찬가지로 책도 우리의 친구이기 때문에 어떤 책을 고르느냐에 따라 역시나 그 사람이 어떤 사람인지 알 수 있다'라는 뜻이기 때문에 답은 **B 了解一个人**(한 사람을 알도록)이다.

문제 3

妈妈经常对我说："吃饭七分饱。""七分"就是70%的意思。很多中国人认为"吃饭七分饱"对身体很有帮助。	엄마는 자주 나에게 말씀하신다. "밥을 7할 배부르게 먹어라." '7할'은 곧 70%라는 뜻이다. 많은 중국인들은 '밥을 70%만 배부르게 먹는 것'이 건강에 도움을 준다고 생각한다.
★ "吃饭七分饱"是为了： A 健康 B 发现问题 C 帮助别人	★ 밥을 70%만 배부르게 먹는 것은: A 건강을 위해서이다 B 문제를 발견하기 위해서이다 C 다른 사람을 돕기 위해서이다

해설 너무 배부르게 먹는 것은 건강에 좋지 않고 적당히 배부르게 먹는 것이 건강에 좋다는 내용이다. "吃饭七分饱。" 이 쌍따옴표 안의 내용을 보고 유추할 수 없다면, 이 문장이 의미하는 바가 무엇인지 뒷부분의 해석을 통해 답을 찾아야 한다. '对身体很有帮助(건강에 도움을 준다)'를 통해 답은 **A 健康**(건강)임을 알 수 있다.

TIP 对…有帮助 duì…yǒu bāngzhù ~에 도움이 된다

문제 4

很多人想学游泳，但是害怕下水，到了河边也只是站着看别人游泳，不敢下去，这样学不会游泳的。其实只有敢做，才能学会。	많은 사람들은 수영을 배우고 싶어 한다. 그러나 물에 입수하는 것이 무서워서 강가에 도착하면 단지 서서 다른 사람이 수영하는 것을 볼 뿐 용감히 입수를 할 수 없다. 이렇게 하면 수영을 배울 수 없다. 사실 용감하게 실행하기만 하면, 비로소 배울 수 있다.
★ 根据这段话，怎样才能学会游泳？ A 要敢下水 B 找老师教 C 一边听音乐一边练习	★ 이 문단에 근거해서, 어떻게 하면 비로소 수영을 배울 수 있는가? A 용감하게 입수해야 한다 B 선생님의 가르침을 찾는다 C 음악을 들으면서 연습한다

해설 입수하는 것을 두려워하면 수영을 배울 수가 없지만 용감하게 한번 입수하면 비로소 수영을 배울 수 있게 된다는 내용이다. 문제에 나온 '才能学会(비로소 배울 수 있다)'가 지문 마지막 문장에도 똑같이 나왔다. 따라서 답은 **A 要敢下水**(용감하게 입수해야 한다)이다.

TIP 一边 A, 一边 B yìbiān A, yìbiān B A하면서 B하다

人们常说："面包会有的，牛奶也会有的。"是的，如果努力，什么都会有的。	사람들은 종종 말한다: '빵이 생길 수 있고, 우유도 생길 수 있다.' 그렇다. 만약 열심히 하면, 무엇이든지 모두 생길 수 있다.
★ 这句话主要想告诉我们： A 要相信别人 B 想吃面包 C 努力才有希望	★ 이 말이 우리에게 알리고 싶은 주된 것은: A 다른 사람을 믿어야 한다 B 빵을 먹고 싶다 C 열심히 하면 비로소 희망이 생긴다

해설 "面包会有的, 牛奶也会有的"라는 문장은 쌍따옴표 뒤에 나오는 문장을 통해 뜻을 유추할 수 있다. 뒷문장을 해석해보면 '만약 열심히 하면 무엇이든지 모두 생길 수 있다'라는 뜻으로 열심히 해야 한다는 속뜻을 가지고 있다. 따라서 가장 적절한 답은 **C 努力才有希望**(열심히 하면 비로소 희망이 생긴다)가 된다.

부분별 전략 **실전 문제 정답**				▶p.173
1. B	**2.** B	**3.** B	**4.** C	**5.** C
6. B	**7.** B	**8.** B	**9.** C	**10.** C

문제 1

你知道《百家姓》这本书吗？它主要介绍了中国人的姓。虽然叫《百家姓》，但其实中国人的姓比书中介绍的多。	너 「백가성」 이 책을 아니? 이 책은 주로 중국인의 성을 소개했어. 비록 「백가성」이라고 부르지만, 사실 중국인의 성은 책에서 소개하는 것보다 훨씬 많아.
★《百家姓》介绍了： A 中国习惯 B 中国人的姓 C 姓出现的时间	★ 「백가성」이 소개하는 것은: A 중국의 풍습 B 중국인의 성 C 성이 출현한 시간

해설 '它'는 사람 이외의 사물이나 동물을 가리키는 지시대명사로 지문에서는 앞 문장에서 언급한 《百家姓》을 가리킨다. 두 번째 문장에서 '它主要介绍了中国人的姓(이 책은 주로 중국인의 성을 소개했어)'이라고 했기 때문에 답은 **B 中国人的姓**(중국인의 성)이다.

TIP 虽然 A, 但(是) B suīrán A, dàn(shì) B 비록 A하지만 그러나 B하다

문제 2

了解一个人，除了要听他怎么说，还要看他怎么做。	한 사람을 이해하는 것은 그가 어떻게 말하는지 듣는 것 외에도 그가 어떻게 하는지 봐야 한다.
★ 了解一个人： A 要关心他 B 要听他怎么说 C 不需要看他怎么做	★ 한 사람을 이해하는 것은: A 그에게 관심을 가져야 한다 B 그가 어떻게 말하는지 들어야 한다 C 그가 어떻게 하는지는 볼 필요가 없다

해설 한 사람을 이해하려면 그의 말을 들어보고, 그의 행동을 잘 살펴봐야 한다고 말하고 있기 때문에 답은 **B 要听他怎么说**(그가 어떻게 말하는지 들어야 한다)이다. 보기 C와 같이 부정문이 쓰인 경우 오답일 확률이 높으니 주의해야 한다.

문제 3

这个空调用了8年了，几乎没出过什么问题。但儿子担心它声音太大，晚上会影响我和他爸爸休息，所以一定要换个新的。	이 에어컨은 8년째 사용하고 있는데, 거의 어떤 문제가 나타난 적이 없다. 그러나 아들은 그것의 소리가 너무 커서 저녁에 나와 (아이의) 아빠가 쉬는 것에 영향을 줄까 걱정한다. 그래서 반드시 새로운 것으로 바꿔야 한다.
★ 根据这段话，儿子： A 生病了 B 关心爸妈 C 不同意换空调	★ 이 문단에 근거해서 아들은: A 병이 났다 B 아빠와 엄마에게 관심을 가지고 있다 C 에어컨 바꾸는 것에 동의하지 않는다

해설 전체적인 해석을 통해 답을 찾아야 하는 문제이다. 아들은 에어컨 소리가 엄마 아빠의 휴식에 영향을 끼칠까 걱정하기 때문에 엄마 아빠에게 관심을 가지고 있다는 것으로 유추할 수 있다. 따라서 답은 **B 关心爸妈**(아빠와 엄마에게 관심을 가지고 있다)이다.

문제 4

我们还是坐船去吧，虽然比火车慢了5个小时，但是船票比火车票便宜多了。	우리 배를 타고 가는 것이 낫겠다. 비록 기차보다는 5시간 느리지만 배표가 기차표보다 훨씬 싸다.
★ 他们认为： A 要坐出租车 B 坐船时间短 C 火车票更贵	★ 그들이 생각하는 것은: A 택시를 타야 한다 B 배를 타는 시간이 짧다 C 기차표가 더 비싸다

해설 '但是(그러나)'는 전환관계 접속사로 상황을 전환하므로 '但是'가 나온 문장은 뒤에 나오는 내용을 잘 살펴야 한다. '船票比火车票便宜多了(배표가 기차표보다 훨씬 싸다)'라는 것을 통해 답은 **C 火车票更贵**(기차표가 더 비싸다)라는 것을 알 수 있다.

TIP A + 比 + B + 형용사 + 多了: A가 B보다 훨씬 더 ~하다

문제 5

这几年，他的汉语水平提高了不少，对中国的了解也越来越多，这跟他经常看中文报纸和节目有很大关系。	이 몇 년 동안 그의 중국어 수준은 적지 않게 향상되었고, 중국에 대한 이해도 점점 더 커졌다. 이것은 그가 자주 중국 신문과 프로그램을 보는 것과 많은 관계가 있다.
★ 关于他，可以知道： A 会唱中文歌 B 爱看体育比赛 C 中文水平提高了	★ 그에 관해서 알 수 있는 것은: A 중국 노래를 부를 줄 안다 B 스포츠 경기 보는 것을 좋아한다 C 중국어 실력이 향상되었다

해설 문장 시작 부분에 '他的汉语水平提高了不少(그의 중국어 수준은 적지 않게 향상되었다)'라고 나오기 때문에 답은 **C 中文水平提高了**(중국어 실력이 향상되었다)이다. '汉语'와 '中文'은 모두 '중국어'라는 의미인데 지문과 보기에 각각 다르게 표현되었다. 이처럼 같은 의미를 다양한 표현으로 알아두면 문제에 접근하기 편하다. 보기 A, B와 관련된 문장은 어디에도 없기 때문에 하나씩 지워가는 방법으로도 쉽게 답을 찾을 수 있는 문제이다.

TIP 跟…有关系 gēn…yǒu guānxi ~와 관계가 있다

这里的西瓜非常有名，每年8月这里会举行一个西瓜节，所以，夏季有很多人来这儿玩儿。	이곳의 수박은 매우 유명하다. 매년 8월에 이곳은 수박 축제를 개최할 것이다. 그래서 여름에 많은 사람들이 이곳에 와서 논다.
★ 这个地方： A 常下雨 B 很有名 C 苹果有名	★ 이 장소는: A 자주 비가 내린다 B 유명하다 C 사과가 유명하다

해설 이 장소에 비가 자주 내린다는 내용은 없고, 사과가 아닌 수박이 유명하므로 A와 C는 답이 될 수 없다. 여름에는 많은 사람들이 놀러 오는 등의 전체적인 내용을 통해 이곳이 유명하다는 것을 알 수 있다. 따라서 답은 **B 很有名**(유명하다)이다.

出国留学对很多年轻人来说是一种锻炼。因为一个人在外国，不但要学会照顾自己，而且还要学着解决自己以前没遇到过的问题。	해외에 나가 유학을 하는 것은 많은 젊은이들에게 있어서 일종의 단련이다. 왜냐하면 한 사람이 외국에서 자신을 돌보는 것을 배울 수 있을 뿐만 아니라, 게다가 스스로가 이전에 마주친 적이 없는 문제를 해결하는 것을 배울 수 있다.
★ 这段话主要想告诉我们，去国外留学： A 比较难 B 能锻炼自己 C 需要别人帮忙	★ 이 문단이 우리에게 주로 알리고 싶은 것은, 해외에 나가 유학하는 것이: A 비교적 어렵다 B 자신을 단련할 수 있다 C 다른 사람의 도움이 필요하다

해설 전체적인 내용이 유학을 통해서 스스로를 돌보고 문제 해결 방법을 배울 수 있다는 것이기 때문에 답은 **B 能锻炼自己**(자신을 단련할 수 있다)가 된다. 맨 앞에 유학이 일종의 '锻炼(단련)'이라고 한 부분에서 힌트를 얻을 수 있다.

TIP ① 对…来说 duì…láishuō ～에게 있어서, ～의 입장에서 보면
② 不但 A, 而且 B búdàn A, érqiě B A할 뿐만 아니라 게다가 B하다

"6月的天，孩子的脸，说变就变。" 刚才还是大晴天，现在就要用伞了。雨越下越大，天也变得越来越黑，街上一辆出租车也找不到了。	'6월의 날씨와 아이의 얼굴은 자주 변한다.' 방금 전까지는 날이 아주 맑았는데 지금은 우산을 써야 한다. 비가 내리면 내릴수록 많이 오고, 날도 점점 어두워졌다. 거리에는 택시를 한 대도 찾을 수 없다.
★ 6月的天： A 热极了 B 变化快 C 一般不下雨	★ 6월의 날씨는: A 매우 덥다 B 변화가 빠르다 C 보통 비가 내리지 않는다

해설 6월 날씨는 아이의 얼굴처럼 변덕이 심해 맑았다가도 비가 많이 내리는 것처럼 변화가 빠르다는 것을 알 수 있다. 따라서 답은 **B 变化快**(변화가 빠르다)이다. 쌍따옴표 안에 나온 '**说变就变**'은 변화가 매우 빠르다는 말로 보기 B와 같은 의미이다.

我上次买过这种面包，糖放得太多了，这次我想买别的。	나는 지난번에 이 빵을 산 적이 있는데 설탕이 너무 많이 들어가서 이번에 나는 다른 것을 사고 싶다.
★ 他觉得上次的面包： A 很贵 B 不新鲜 C 有点儿甜	★ 그는 지난번 빵이: A 비싸다고 느낀다 B 신선하지 않다고 느낀다 C 조금 달다고 느낀다

해설 　지난번에 산 빵에 대해서 '糖放得太多了(설탕이 너무 많이 들어가다)'라고 했다. 그리고 이어서 이번에는 다른 것을 사고 싶다는 것을 토대로 지난번 빵이 달았다는 것을 알 수 있다. 따라서 답은 **C** 有点儿甜(조금 달다고 느낀다)이다.

我弟弟是一名出租车司机，他每天早上都洗一下车。他常说，车就像人的衣服一样，车干净了，自己很开心，大家坐着也舒服。	내 남동생은 택시 운전기사다. 그는 매일 아침 차를 한번 닦는다. 차는 사람의 옷과 같아서 차가 깨끗해지면 자기도 기쁘고 모두가 타고 있기에도 편하다고 그는 자주 말한다.
★ 关于他弟弟，可以知道： A 买了辆新车 B 是公共汽车司机 C 经常洗车	★ 그의 남동생에 관해서 알 수 있는 것은: A 새 차를 샀다 B 버스 운전기사다 C 자주 세차한다

해설 　'他每天早上都洗一下车(그는 매일 아침 차를 한번 닦는다)'라는 문장을 통해 답은 **C** 经常洗车(자주 세차한다)이다.

TIP 　像…一样 xiàng…yíyàng ～와 같다

독해 | Final 전략 & Test

Final 실전 문제 정답 ▶p.181

1. B	2. D	3. E	4. C	5. A
6. C	7. A	8. D	9. E	10. B
11. A	12. C	13. D	14. B	15. E
16. D	17. C	18. E	19. A	20. B
21. B	22. C	23. C	24. A	25. C
26. B	27. A	28. C	29. A	30. B

문제 1

1. 你上次去的那家饭馆儿离这儿远吗？ B 不太远，就在这条街的后面。	1. 네가 지난번에 간 그 식당은 여기에서 멀어? B 그다지 멀지 않아. 이 길 뒤쪽에 있어.

단어 　饭馆儿 fànguǎnr 몡 식당 | 离 lí 쩐 ~에서부터 | 远 yuǎn 톙 멀다 | 街 jiē 몡 길, 거리 | 后面 hòumiàn 몡 뒤쪽

해설 　1번 문제의 뒷부분에서 의문형으로 '远吗? (멀어?)'라고 하며 거리를 묻고 있다. 이와 연결되는 문장을 보기에서 찾으면 첫 문장이 '不太远(그다지 멀지 않아)'으로 시작되는 보기 B가 적합하다. 따라서 1번은 보기 **B**와 서로 호응하는 문장이다.

문제 2

2. 蓝小姐，这个帽子真漂亮，谢谢你。 D 不客气，你喜欢就好。	2. 란 아가씨, 이 모자 정말 예뻐요. 고마워요. D 별말씀을요. 당신이 좋으면 됐어요.

단어 　帽子 màozi 몡 모자 | 真 zhēn 뷔 정말, 진짜 | 喜欢 xǐhuan 동 좋아하다

해설 　'谢谢(고마워요)'에 대한 대답은 주로 '不客气(별말씀을요)'라고 한다. 따라서 2번은 보기 **D**와 서로 호응하는 문장이다. 다양한 감정 표현과 그에 대한 알맞은 대답을 잘 기억해두자.

문제 3

E 雨下得越来越大了，你带伞了吗？ 3. 没有，我早上出门的时候还是晴天呢。	E 비가 점점 많이 내린다. 너 우산 챙겼어? 3. 아니, 나 아침에 문을 나설 때는 그래도 날이 맑았어.

단어 　越来越…了 yuèláiyuè…le 점점 더 ~해지다 | 带 dài 동 지니다, 휴대하다 | 伞 sǎn 몡 우산 | 晴 qíng 톙 맑다

해설 　문제 3번의 첫 문장이 '没有(아니)'로 물음에 대한 대답이기 때문에 보기에서 해당 문제에 대한 질문을 찾아야 한다. 문제의 내용이 날씨와 관련되어 있으며, 보기 E 역시 날씨와 관련된 문장이고 우산을 챙겼는지 묻고 있으므로 '没有'로 답하면 적합하다. 따라서 두 문장 보기 **E**와 3번은 이어지는 문장이다.

문제 4

C 8点了，快起床，吃早饭。 4. 我不饿，让我再睡会儿。	C 8시야. 빨리 일어나서 아침밥 먹어. 4. 나는 배 안 고파. 나 좀 더 자게 해줘.

단어 　起床 qǐchuáng 동 기상하다 | 早饭 zǎofàn 몡 아침밥 | 饿 è 톙 배고프다 | 让 ràng 동 ~하게 하다 | 再 zài 뷔 더, 또 | 睡 shuì 동 자다

해설 　4번 문제에 '不饿(배가 고프지 않다)', '睡(자다)' 이 두 핵심 단어를 보고 보기 문장들 중 관련된 단어를 찾으면 '吃饭(밥을 먹다)', '起床(일어나다)'과 같이 반대되는 단어가 등장하는 C가 있다. 따라서 보기 **C**와 4번이 서로 호응하는 문장이다.

문제 5

5. 妈妈，你给我讲这个故事吧？ A 好，但听完了就要睡觉啊。	5. 엄마, 나에게 이 이야기를 해주실래요? A 좋아, 하지만 다 들으면 바로 잠을 자야 해.

단어 　给 gěi 쩐 ~에게 | 讲 jiǎng 동 말하다, 이야기하다 | 故事 gùshi 몡 이야기 | 但 dàn 젭 그러나

해설 　문제 5번에서는 아이가 엄마에게 이야기를 해달라고 제안하고 있다. 보기 중 A의 앞부분 '好(좋아)'와 문맥을 통해 아이의 제안에 동의한다는 것을 알 수 있다. 따라서 5번은 보기 **A**와 서로 호응하는 문장이다.

6. 我今天早上在路上遇到以前的邻居老马了。 C 他搬走以后，这是我们第一次见面。	6. 나 오늘 아침 길에서 이전에 이웃이었던 라오마와 마주쳤어. C 그가 이사 간 후에 이것이 우리가 처음 만난 거야.

단어 遇到 yùdào 동 마주치다 | 以前 yǐqián 명 이전 | 邻居 línjū 명 이웃 | 搬 bān 동 옮기다, 이사하다

해설 문제 6번은 전에 이웃이었던 라오마를 만났다는 내용으로, 문장 중 '遇到(마주치다)'와 비슷한 단어인 '见面(만나다)'이 보기 C에도 등장했다. 또한, 보기 C의 '搬走(이사 가다)'를 통해서도 내용상 6번과 보기 C가 서로 호응하는 문장이라는 것을 알 수 있다. '搬'은 '옮기다', '운반하다'라는 뜻이며, '이사하다'라는 의미로도 쓰인다.

7. 电梯坏了，我们只能走上去。 A 是，还好我们办公室在5层。	7. 엘리베이터가 고장 나서 우리 걸어서 올라갈 수밖에 없어. A 맞아, 그래도 우리 사무실이 5층에 있어서 다행이야.

단어 电梯 diàntī 명 엘리베이터 | 坏 huài 동 고장 나다, 망가지다 | 走 zǒu 동 걷다 | 办公室 bàngōngshì 명 사무실

해설 문제 7번은 엘리베이터가 고장 나서 걸어서 올라갈 수밖에 없는 상황이다. '还好我们办公室在5层(다행히 우리 사무실이 5층에 있다)'이라고 대답하는 보기 A를 통해 7번과 보기 **A**가 서로 호응하는 문장이라는 것을 알 수 있다.

D 这儿附近有家饭馆儿，牛肉做得很不错。 8. 我相信你一定会喜欢的。	D 여기 근처에 식당이 있는데 소고기를 아주 잘해. 8. 난 네가 반드시 좋아할 것이라고 믿어.

단어 附近 fùjìn 명 근처, 부근 | 牛肉 niúròu 명 소고기 | 不错 búcuò 형 좋다, 괜찮다 | 相信 xiāngxìn 동 믿다 | 会 huì 조동 ~할 것이다

해설 문제 8번은 핵심 단어가 없으므로 전체적인 해석을 통해 답을 찾아야 한다. 보기 D는 근처 식당에 소고기 요리가 괜찮다는 내용으로 문제 8번의 '你一定会喜欢(네가 반드시 좋아할 것이다)'과 의미상 이어질 수 있다. 따라서 보기 **D**는 문제 8번과 서로 호응하는 문장이다.

E 王阿姨每天很忙。 9. 除了工作学习以外，她还要照顾孩子。	E 왕 아주머니는 매일 바쁘다. 9. 일하고 공부하는 것 외에 그녀는 또 아이를 돌봐야 한다.

단어 忙 máng 형 바쁘다 | 工作 gōngzuò 동 일하다 | 学习 xuéxí 동 공부하다, 학습하다 | 还 hái 부 또, 더 | 要 yào 조동 ~해야 한다 | 照顾 zhàogù 동 돌보다, 보살피다 | 孩子 háizi 명 아이

해설 문제 9번에는 해야 하는 일들이 다양하게 나열되어 있기 때문에 보기 E의 '很忙(바쁘다)'과 연결하면 적합하다. 또한, 9번의 주어는 '她(그녀)'인데, 보기 E의 주어인 '阿姨(아주머니, 이모)' 역시 여자를 가리키는 단어이기 때문에 주어가 똑같이 여자라는 점을 통해서도 보기 **E**와 문제 9번이 서로 호응하는 문장이라는 힌트를 얻을 수 있다.

TIP 除了…以外, 还… chúle…yǐwài, hái… ~이외에 또 ~하다

B 菜点完了，你想喝什么？啤酒？ 10. 晚上要开车，喝杯茶或者苹果汁吧。	B 요리를 다 주문했어. 너 뭐 마시고 싶어? 맥주? 10. 저녁에 운전을 해야 해서 차나 사과 주스를 마실게.

단어 菜 cài 명 요리 | 点 diǎn 동 주문하다 | 喝 hē 동 마시다 | 啤酒 píjiǔ 명 맥주 | 开车 kāichē 동 운전하다 | 茶 chá 명 차 | 或者 huòzhě 접 또는, 혹은 | 苹果汁 píngguǒzhī 명 사과 주스

문제 10번과 보기 B 모두 '喝(마시다)'라는 동사가 쓰였으며, '啤酒(맥주)', '茶(차)', '苹果汁(사과 주스)' 등 음료와 관련된 단어가 두 문장 모두 계속해서 등장하고 있기 때문에 보기 **B**와 문제 10번이 연결되는 문장임을 쉽게 알 수 있다.

문제 11-15

A 音乐	B 但是	C 打扫	D 简单	E 终于
A 음악	B 그러나	C 청소하다	D 간단하다	E 마침내

문제 11

你跟我一样，我也喜欢一边走路，一边听（　　　）。	너 나랑 똑같네. 나도 길을 걸으면서 (음악) 듣는 것을 좋아해.

단어 跟 gēn 전 ~와 | 也 yě 부 ~도, 역시 | 走 zǒu 동 걷다 | 路 lù 명 길

해설 동사 뒤에 빈칸이 왔기 때문에 목적어가 필요하다. 문맥상 '听(듣다)'의 목적어로 들어갈 만한 단어는 **A** 音乐(음악)이다.

TIP 一边 A, 一边 B yìbiān A, yìbiān B A하면서 B하다

문제 12

我（　　　）房间，你洗碗筷，怎么样？	나는 방을 (청소할게). 너는 그릇과 젓가락을 씻어, 어때?

단어 房间 fángjiān 명 방 | 洗 xǐ 동 씻다, 닦다 | 碗筷 wǎnkuài 명 그릇과 젓가락

해설 주어와 목적어 사이가 빈칸이므로 빈칸에는 동사술어가 필요하다. 목적어 '房间(방)'과 함께 쓸 수 있는 단어는 **C** 打扫(청소하다)이다.

문제 13

其实问题不像你想的那么（　　　）。	사실 문제는 네가 생각한 것처럼 그렇게 (간단하지) 않다.

단어 其实 qíshí 부 사실 | 问题 wèntí 명 문제 | 像 xiàng 동 닮다 | 想 xiǎng 동 생각하다

해설 정도를 나타내는 '那么(그렇게)' 뒤가 빈칸이므로 빈칸에는 형용사가 필요하다. 보기 중에는 형용사가 **D** 简单(간단하다) 하나뿐이다.

문제 14

虽然这两个问题有不一样的地方，（　　　）解决的办法是相同的。	비록 이 두 문제는 같지 않은 부분이 (있지만), 해결하는 방법은 서로 같다.

단어 虽然 suīrán 접 비록 ~하지만 | 解决 jiějué 동 해결하다 | 办法 bànfǎ 명 방법 | 相同 xiāngtóng 동 서로 같다

해설 쉼표 뒤가 바로 빈칸인데, 문장 맨 앞을 보면 접속사 '虽然(비록 ~하지만)'이 나와 있다. 이를 통해 빈칸에는 '虽然'과 짝을 이루어 쓰는 접속사인 **B** 但是(그러나)가 들어가야 함을 알 수 있다. '虽然 A，但是 B'로 짝을 이루어 '비록 A하지만 B하다'라는 의미로 쓰인다.

문제 15

（　　　）完成了，大家可以好好休息一下了。	(마침내) 다 했다. 모두들 잘 쉴 수 있게 되었다.

단어 完成 wánchéng 동 완성하다, 다 하다 | 可以 kěyǐ 조동 ~할 수 있다 | 休息 xiūxi 동 쉬다, 휴식하다

해설 술어 앞이 빈칸이지만 보기에는 주어로 들어갈 만한 단어가 없다. 따라서 술어를 수식할 수 있는 부사인 **E** 终于(마침내)가 답이 된다. 문맥상으로도 '마침내 다 했다'라는 의미가 되어야 적합하다.

A 舒服	B 比较	C 或者	D 见面	E 张
A 편하다	B 비교적	C 또는	D 만나다	E 종이나 평평한 물건을 세는 단위

문제 16 ▶

A：我们在哪儿（　　　）？ B：国家图书馆东门吧，那儿离你家比较近。	A: 우리 어디에서 (만나)? B: 국가도서관 동문에서 보자. 그곳은 너희 집에서 비교적 가까워.

단어 哪儿 nǎr 대 어디 | 图书馆 túshūguǎn 명 도서관 | 离 lí 전 ～에서부터 | 比较 bǐjiào 부 비교적 | 近 jìn 형 가깝다

해설 전치사구 '在哪儿(어디에서)' 뒤가 빈칸이므로 빈칸에는 술어가 들어가야 한다. B의 대답을 보면 만날 장소에 대해 말하고 있기 때문에 답은 **D** 见面(만나다)이다.

문제 17 ▶

A：我爸快过生日了，我送他什么礼物好呢？ B：给他买件衬衫，（　　　）买个帽子。	A: 우리 아빠가 곧 생신인데 내가 아빠에게 어떤 선물을 드리면 좋을까? B: 아빠에게 셔츠를 사드리거나 (또는) 모자를 사드려.

단어 过 guò 동 (시간 등을) 보내다 | 生日 shēngrì 명 생일 | 送 sòng 동 보내다. 주다 | 礼物 lǐwù 명 선물 | 买 mǎi 동 사다 | 衬衫 chènshān 명 셔츠

해설 A가 '我送他什么礼物好呢? (내가 아빠에게 어떤 선물을 드리면 좋을까?)'라고 물었다. 이에 B는 두 가지 선물을 추천하고 있다. '买件衬衫(셔츠를 사다)'과 '买个帽子(모자를 사다)' 두 가지 제안 사이가 빈칸이므로 두 문장을 연결해줄 수 있는 접속사가 필요하다. 따라서 보기 중 가장 적절한 답은 **C** 或者(또는)이다.

TIP 快…了 kuài…le 곧 ～할 것이다 [임박태]

문제 18 ▶

A：昨天我生日，女儿送给我一（　　　）她画的画儿。 B：那你一定很高兴吧？	A: 어제 내 생일이었어. 딸이 나에게 그녀가 그린 한 (장)의 그림을 줬어. B: 그러면 너 정말 기쁘겠구나.

단어 给 gěi 전 ～에게 | 画 huà 동 그리다 | 画儿 huàr 명 그림 | 那 nà 접 그러면, 그렇다면 | 高兴 gāoxìng 형 기쁘다

해설 수사나 지시대명사가 명사를 수식할 때 그 사이에는 각각의 명사를 세는 단위인 양사가 필요하다. 빈칸 뒤에서 '她画的(그녀가 그린)'이란 수식어가 '画儿(그림)'을 꾸미고 있기 때문에 수사와 양사가 수식하고자 하는 명사가 무엇인지 잘 파악해야 한다. 즉, 이 문제에서는 숫자 '一(1, 일)' 뒤와 명사 '画儿(그림)' 앞이 빈칸이다. 따라서 빈칸에는 그림을 셀 때 쓰이는 양사인 **E** 张(종이나 평평한 물건을 세는 단위)이 들어가는 것이 적절하다.

TIP '수양명, 지양명'을 기억하자! [수사 + 양사 + 명사], [지시대명사 + 양사 + 명사]

문제 19 ▶

A：医生，这两天我的耳朵不太（　　　）。 B：先请坐，我给你检查一下。	A: 의사선생님, 요 이틀 제 귀가 그다지 (편하지) 않아요. B: 먼저 앉으세요. 제가 한번 검사해볼게요.

단어 医生 yīshēng 명 의사 | 耳朵 ěrduo 명 귀 | 检查 jiǎnchá 동 검사하다, 진찰하다

빈칸 앞에 있는 정도부사를 통해 빈칸에는 형용사가 필요하다는 것을 알 수 있다. 내용상으로도 병원에 가서 '귀가 불편하다'라고 말하는 상황이 적합하므로 답은 **A 舒服**(편하다)이다. 앞에 부정부사 '不'가 있으므로 의미상 빈칸에는 긍정 어휘가 들어가야 한다.

문제 20

A: 考试成绩出来了吗? 考得怎么样? B: 还可以, 这次的题 ( ) 简单, 我都会做。	A: 시험 성적 나왔어? 시험 본 거 어때? B: 그런대로 괜찮아. 이번 문제가 (비교적) 간단해서 나는 다 할 수 있었어.

단어 考试 kǎoshì 몡 시험 | 成绩 chéngjì 몡 성적 | 考 kǎo 동 (시험을) 보다 | 题 tí 몡 문제 | 简单 jiǎndān 혱 간단하다 | 会 huì 조동 ~할 수 있다 | 做 zuò 동 하다

해설 형용사 '简单(간단하다)' 앞이 빈칸이고 그 앞엔 주어가 있다. 형용사가 술어로 쓰일 땐 앞에 정도부사와 함께 쓰여야 한다. 따라서 답은 보기에서 유일한 정도부사인 **B 比较**(비교적)가 된다.

문제 21

我叫王月, 第一个字是我的姓, 中国人的名字和你们国家的不太一样。中国人的姓是放在前面的, 而且一般都是一个字。	나는 왕위에라고 불린다. 첫 글자는 나의 성이다. 중국인의 이름과 너희 나라의 이름은 그다지 같지 않다. 중국인의 성은 앞쪽에 놓는다. 또한, 일반적으로 모두 한 글자이다.
★ 根据这段话, 中国人的名字: A 比较长 B 姓在前面 C 一共三个字	★ 이 말에 근거해서 중국인의 이름은: A 비교적 길다 B 성이 앞쪽에 있다 C 총 세 글자이다

단어 姓 xìng 몡 성씨 | 名字 míngzi 몡 이름 | 一样 yíyàng 동 같다 | 放 fàng 동 놓다 | 前面 qiánmiàn 몡 앞쪽 | 而且 érqiě 젭 게다가, 또한 | 一般 yìbān 혱 보통, 일반적으로 | 都 dōu 부 모두

해설 지문을 읽기 전, 우선 문제가 무엇인지 파악해서 그 부분을 집중해서 봐야 정답을 찾기 쉽다. 즉, 이 문제에서는 중국인의 이름과 관련된 답을 찾아야 한다. 보기 A와 C의 내용은 나와있지 않았고 '中国人的姓是放在前面的(중국인의 성은 앞쪽에 놓는다)'라고 했기 때문에 답은 **B 姓在前面**(성이 앞쪽에 있다)이 된다.

TIP A + 和 + B + 一样: A와 B는 같다
 A + 和 + B + 不(太)一样: A와 B는 (그다지) 같지 않다

문제 22

我是一个小学老师, 教学生画画儿。每次下课前, 我会把下次学生要准备的东西写在黑板上, 但每次上课时, 都有学生忘了拿铅笔。	나는 초등학교 선생님이다. 학생에게 그림 그리는 것을 가르친다. 매번 수업이 끝나기 전에 나는 다음 번에 학생이 준비해야 할 물건을 칠판 위에 적는다. 하지만 매번 수업할 때 어떤 학생은 연필 가져오는 것을 잊는다.
★ 学生会忘记拿什么? A 纸 B 手表 C 铅笔	★ 학생은 무엇을 가져오는 것을 잊는가? A 종이 B 손목시계 C 연필

단어 教 jiāo 동 가르치다 | 画 huà 동 그리다 | 画儿 huàr 몡 그림 | 下课 xiàkè 동 수업이 끝나다 | 准备 zhǔnbèi 동 준비하다 | 写 xiě 동 쓰다 | 黑板 hēibǎn 몡 칠판 | 上课 shàngkè 동 수업하다 | 忘 wàng 동 잊다 | 铅笔 qiānbǐ 몡 연필

해설 문제를 먼저 보고 '학생이 무엇을 잊는지' 그 부분을 주목해야 한다. 칠판에 준비물을 써줌에도 불구하고 '有学生忘了拿铅笔(어떤 학생은 연필 가져오는 것을 잊는다)'라고 지문에 나와있기 때문에 답은 **C 铅笔**(연필)이다.

小李是2018年3月来公司的，虽然时间短，但他做事一直很努力，很认真，同事们都很喜欢他。	샤오리는 2018년 3월 회사에 왔다. 비록 기간은 짧지만 그는 항상 노력하고 열심히 일을 한다. 직장 동료들은 모두 그를 좋아한다.
★ 根据这段话，可以知道小李： A 总是迟到 B 对工作没兴趣 C 参加工作了	★ 이 단락에 근거해서 샤오리에 대해 알 수 있는 것은: A 항상 지각한다 B 일에 흥미가 없다 C 취업했다

단어 　公司 gōngsī 명 회사 | 短 duǎn 형 짧다 | 事 shì 명 일 | 一直 yìzhí 부 계속, 줄곧 | 努力 nǔlì 형 노력하다 | 认真 rènzhēn 형 열심히 하다, 진지하다 | 同事 tóngshì 명 직장 동료

해설 　'2018年3月来公司(2018년 3월 회사에 왔다)'라는 것은 즉, 샤오리가 취직했다는 의미이다. 따라서 답은 C 参加工作了(취업했다)이다.

TIP 　虽然 A, 但(是) B suīrán A, dàn(shì) B 비록 A하지만 B하다

做蛋糕其实很简单，如果你有兴趣，我可以教你。我们要先准备面、鸡蛋、牛奶和水果这些东西，然后就可以开始了。	케이크를 만드는 것은 사실 간단하다. 만약 네가 흥미가 있다면 내가 너에게 가르쳐줄 수 있다. 우리는 먼저 밀가루, 달걀, 우유와 과일 이것들을 준비해야 한다. 그 다음에 바로 시작할 수 있다.
★ 说话人认为： A 做蛋糕很容易 B 蛋糕很贵 C 蛋糕很好吃	★ 화자가 생각하기에: A 케이크를 만드는 것은 쉽다 B 케이크는 비싸다 C 케이크는 맛있다

단어 　蛋糕 dàngāo 명 케이크 | 简单 jiǎndān 형 간단하다 | 兴趣 xìngqù 명 흥미 | 面 miàn 명 밀가루 | 鸡蛋 jīdàn 명 달걀 | 开始 kāishǐ 동 시작하다

해설 　첫 문장에서 '做蛋糕其实很简单(케이크를 만드는 것은 사실 간단하다)'라고 나온다. '简单(간단하다)'과 '容易(쉽다)'는 같은 의미이기 때문에 답은 A 做蛋糕很容易(케이크를 만드는 것은 쉽다)이다.

对不起，我可能会迟到十几分钟，走到半路我才发现没带钱包，现在回去拿，你如果先到，就去公园旁边的那个咖啡馆等我一会儿。	미안해, 나 아마 10분 정도 늦을 것 같아. 길의 반을 와서야 나는 비로소 지갑을 챙기지 않았다는 것을 알고, 지금 가지러 돌아가. 만약 네가 먼저 도착하면 바로 공원 옆 그 카페에 가서 나를 잠시만 기다려줘.
★ 说话人为什么又回去了？ A 来客人了 B 没带手机 C 没带钱包	★ 화자는 왜 다시 돌아갔는가? A 손님이 왔다 B 휴대전화를 챙기지 않았다 C 지갑을 챙기지 않았다

단어 　可能 kěnéng 부 아마도 | 迟到 chídào 동 지각하다 | 分钟 fēnzhōng 명 분 [시간 단위] | 发现 fāxiàn 동 발견하다, 알다 | 钱包 qiánbāo 명 지갑 | 公园 gōngyuán 명 공원 | 旁边 pángbiān 명 옆쪽

지문에서 화자가 다시 돌아간 이유를 찾아야 한다. 중간 부분에 '走到半路我才发现没带钱包(길의 반을 와서야 비로소 내가 지갑을 챙기지 않았다는 것을 알았다)'라는 내용을 통해 **C 没带钱包**(지갑을 챙기지 않았다)가 답이 된다. 지문과 정답에 똑같이 '没带钱包'라고 나와있기 때문에 쉽게 답을 찾을 수 있다.

문제 26

我们周末要去上海旅游，听说上海现在比我们这儿热多了，都可以穿裙子了。	우리 주말에 상하이에 가서 여행을 할 건데, 듣자 하니 상하이는 지금 우리 여기보다 훨씬 더워서 치마를 입을 수 있다.
★ 他们那儿现在： A 是冬季 B 不能穿裙子 C 跟上海一样冷	★ 그들의 그곳은 현재： A 겨울이다 B 치마를 입을 수 없다 C 상하이와 똑같이 춥다

단어 周末 zhōumò 몡 주말 | 旅游 lǚyóu 동 여행하다 | 热 rè 혱 덥다 | 穿 chuān 동 입다, 신다 | 裙子 qúnzi 몡 치마

해설 지금 있는 곳과 상하이를 비교하며, 상하이는 더워서 치마를 입을 수 있다는 내용을 통해 지금 화자가 있는 그곳은 치마를 입을 수 없다는 사실을 유추할 수 있다. 따라서 답은 **B 不能穿裙子**(치마를 입을 수 없다)이다. 상하이가 여기보다 덥다고 해서 여기가 겨울인지는 알 수 없으며, 상하이는 덥다고 했으므로 A와 C는 정답이 될 수 없다.

문제 27

现在，我们做个练习，请大家用黑板上的这几个词语写一个小故事，最少100字，下课前给我，听明白了吗？	지금 우리 연습을 하나 해요. 모두들 칠판 위의 이 몇 개의 단어를 이용해서 하나의 짧은 이야기를 쓰세요. 최소 100자이고 수업이 끝나기 전에 저에게 주세요. 잘 알아들었나요？
★ 说话人最可能是做什么的？ A 老师 B 医生 C 司机	★ 화자는 무엇을 하는 사람일 가능성이 가장 높은가？ A 선생님 B 의사 C 운전기사

단어 练习 liànxí 동 연습하다 | 用 yòng 동 사용하다 | 几 jǐ 때 몇 | 词语 cíyǔ 몡 단어, 어휘 | 写 xiě 동 쓰다 | 故事 gùshi 몡 이야기 | 最 zuì 뷔 가장 | 少 shǎo 혱 적다 | 给 gěi 동 주다

해설 지문에서 '下课前给我(수업이 끝나기 전에 저에게 주세요)'라는 부분과 전체적인 문맥을 파악해보면 화자는 수업을 하고 있는 선생님이라는 것을 알 수 있다. '下课'는 '수업이 끝나다'라는 뜻으로 보기에서 관련된 직업은 **A 老师**(선생님)뿐이다.

문제 28

经常生气容易使人变老，所以遇到不高兴的事情的时候，我总是告诉自己："没关系，这些都会过去的，明天又是新的一天。"	자주 화를 내는 것은 쉽게 사람을 늙게 한다. 그래서 기쁘지 않은 일과 마주했을 때 나는 항상 스스로에게 말한다. '괜찮아, 이것들도 모두 지나갈 거야. 내일은 또 새로운 하루야.'
★ 根据这段话，我们应该： A 忘记过去 B 少用电脑 C 少生气	★ 이 단락에 근거해서 우리는 마땅히： A 과거를 잊어야 한다 B 컴퓨터를 적게 사용해야 한다 C 화를 적게 내야 한다

단어 经常 jīngcháng 뷔 종종, 자주 | 生气 shēngqì 동 화내다 | 容易 róngyì 혱 쉽다 | 使 shǐ 동 ～하게 하다 | 变 biàn 동 변하다 | 老 lǎo 혱 늙다 | 遇到 yùdào 동 마주치다 | 事情 shìqíng 몡 일, 사건 | 总是 zǒngshì 뷔 늘, 줄곧 | 告诉 gàosu 동 말하다, 알리다 | 过去 guòqù 동 지나가다

단락 앞뒤 부분에 주제가 나오는 경우가 많다. 이 단락의 경우에도 맨 앞부분을 보면 '**经常生气容易使人变老**(자주 화를 내는 것은 쉽게 사람을 늙게 한다)'라고 말하고 있다. 이 문장에 근거해서 우리는 **C 少生气**(화를 적게 내야 한다)가 정답임을 알 수 있다. 또한 그 문장 뒤에도 '**过去**(과거)'나 '**电脑**(컴퓨터)'와 관련된 내용은 나오지 않으며, 화를 적게 내고 긍정적으로 생각하는 화자를 통해서도 정답을 알 수 있다.

문제 29

上午的考试很容易，就是让孩子们用刚学会的词语讲一个小故事，孩子们都很聪明，讲得非常好。	오전 시험은 쉬웠다. 아이들로 하여금 막 배워서 할 수 있는 단어를 사용해서 하나의 짧은 이야기를 말해보도록 했다. 아이들은 모두 똑똑해서 아주 잘 이야기했다.
★ 上午孩子们： A 故事讲得很好 B 考得很差 C 很难过	★ 오전에 아이들은： A 이야기를 아주 잘 말했다 B 시험을 너무 못 봤다 C 매우 고통스러웠다

단어　上午 shàngwǔ 명 오전 | 让 ràng 동 ~하게 하다 | 刚 gāng 부 막 | 聪明 cōngming 형 똑똑하다 | 讲 jiǎng 동 말하다, 이야기하다

해설　단락 맨 앞에서부터 오전 시험은 쉬웠다고 언급했으며, '**孩子们都很聪明，讲得非常好**(아이들은 모두 똑똑해서 아주 잘 이야기했다)'라고 한 부분을 통해서 답은 **A 故事讲得很好**(이야기를 아주 잘 말했다)이다.

문제 30

这个地方的茶特别有名，每年春季有一次茶文化节，很多人都会来参加，有些人是从国外来的。	이곳의 차는 특히나 유명하다. 매년 봄에 차 문화제가 한 차례 있는데, 많은 사람들이 와서 참가할 것이다. 어떤 사람들은 해외에서 온다.
★ 那个地方的茶： A 不好喝 B 很有名 C 太甜了	★ 그곳의 차는： A 마시기 좋지 않다 B 유명하다 C 너무 달다

단어　地方 difang 명 곳, 장소 | 茶 chá 명 차 | 有名 yǒumíng 형 유명하다 | 春季 chūnjì 명 봄 | 参加 cānjiā 동 참가하다 | 从 cóng 전 ~에서부터 | 国外 guówài 명 해외

유형별 전략 01 실전 문제 정답 ▶p.196

1. 昨天的考试比较难。 어제의 시험은 비교적 어려웠다.

2. 这个月花了一千多块钱。 이번 달에 천 위안 정도의 돈을 소비했다.

3. 我买的苹果非常新鲜。 내가 산 사과는 매우 신선하다.

4. 他已经吃完了蛋糕。 그는 이미 케이크를 다 먹었다.

5. 我跟他见面。 나는 그와 만난다.

문제 1 ▶

昨天的   难   考试   比较

분석   难 nán 형 어렵다 | 考试 kǎoshì 명 시험

해설   술어는 '难(어렵다)'으로 형용사술어이다. 형용사술어는 목적어를 동반할 수 없다. 따라서 하나 있는 명사 '考试(시험)'는 주어 자리에 놓아야 한다. 형용사가 술어로 쓰이면 그 앞에 정도부사가 필요하기 때문에 '比较(비교적)'를 형용사술어 앞에 붙여준다. '的'는 관형어 와 명사 사이에서 수식 관계를 이루기 때문에 뒤에는 대부분 명사가 온다.

문제 2 ▶

一千多   这个月   块钱   花了

분석   千 qiān 수 천, 1,000 | 月 yuè 명 월, 달 | 花 huā 동 쓰다, 소비하다

해설   술어 '花了(소비하다)'를 찾는다. 시간에 관련된 시간명사들은 주로 문장 맨 앞에서 문장 전체를 수식한다. 따라서 '这个月(이번 달)'는 문장 맨 앞에 두고, 목적어 자리에는 '一千多(1,000 남짓)'와 화폐 단위인 '块钱(위안)'을 짝지어서 얼마의 돈을 소비했는지 나타낸다.

문제 3 ▶

新鲜   苹果   非常   我买的

분석   新鲜 xīnxiān 형 신선하다 | 苹果 píngguǒ 명 사과

해설   형용사술어 '新鲜(신선하다)' 앞에 정도부사 '非常(매우)'을 붙여주고, 명사 '苹果(사과)' 앞에는 수식어 '我买的(내가 산)'를 붙여 주어 자리에 놓는다.

문제 4 ▶

蛋糕   吃完了   他已经

분석   蛋糕 dàngāo 명 케이크 | 已经 yǐjīng 부 이미

해설   우선 동사술어 '吃完了(다 먹었다)'를 찾는다. 그리고 부사는 주로 술어 앞에서 술어를 수식하기 때문에 부사 '已经(이미)'을 술어 앞에 놓는데, '他(그)'와 같이 붙어있기 때문에 '他'가 주어라는 것도 알 수 있다. 동사술어는 목적어를 동반할 수 있기 때문에 목적어 자리에는 '蛋糕(케이크)'를 넣어준다.

TIP   명사 또는 대명사가 시간명사나 부사 또는 조동사와 같이 붙어 있는 경우엔 주어로 쓰인 것임을 알 수 있다. 시간명사는 문장에서 주어 를 기준으로 앞뒤로 움직일 수 있기 때문이다.

我	跟	见面	他

분석　跟 gēn 전 ~와/과 | 见面 jiànmiàn 동 만나다

해설　술어 '见面(만나다)'을 찾는다. 주의해야 할 점은 '见面' 자체를 동사라고 생각할 수 있지만 정확하게는 '见(보다)'이라는 동사와 '面(얼굴)'이라는 목적어로 이루어져 있는 이합동사라는 점이다. 따라서 이미 안에 목적어를 포함하고 있기 때문에 뒤에 다른 목적어가 올 수 없다. 그리고 '跟(~와/과)'은 전치사이기 때문에 혼자 쓰일 수 없다. 따라서 명사 '他(그)'와 전치사구를 만들어 술어 앞에 배치하고, 남은 명사 '我(나)'를 찾아 문장 맨 앞 주어 자리에 놓는다.

TIP　① 목적어를 이미 포함하고 있는 이합동사를 주의하자.
② 전치사는 혼자 쓰일 수 없고, (대)명사와 전치사구를 이뤄 술어 앞에서 술어를 수식한다.

유형별 전략 02 실전 문제 정답　▶p.200

1. 奶奶高兴地笑了。　할머니는 기쁘게 웃었다.
2. 那位老人已经100岁了。　그 노인은 이미 100살이 되었다.
3. 这个城市的冬天经常刮风。　이 도시의 겨울은 자주 바람이 분다.
4. 她在跟金老师打篮球。　그녀는 김 선생님과 농구를 하고 있다.
5. 表演还没结束呢。　공연이 아직 끝나지 않았다.

문제 **1**

高兴地	奶奶	笑了

분석　高兴 gāoxìng 형 기쁘다 | 奶奶 nǎinai 명 할머니 | 笑 xiào 동 웃다

해설　단어를 보면 '高兴(기쁘다)'도 형용사술어로 쓰일 수 있고, '笑了(웃었다)'도 동사술어로 쓰일 수 있어서 술어 찾기가 헷갈릴 수도 있다. 하지만 '高兴' 뒤에는 조사 '地'가 붙어 있어서 술어로 쓰일 수 없는 것을 알 수 있다. '地'는 술어 앞에서 수식하는 부사어와 술어 사이에 쓰여 수식 관계로 만들어 주는 역할을 한다. 따라서 '高兴地(기쁘게)'는 술어를 수식하는 부사어로 '笑了' 앞에 써주고 웃는 동작을 하는 주어 '奶奶(할머니)'는 문장 맨 앞에 놓는다.

TIP　1. 술어를 찾기 헷갈릴 경우 대부분 '了'와 붙어 있는 단어가 술어일 확률이 높다.
2. '…地'로 끝나면 술어 앞에 배치하자.

문제 **2**

已经	老人	100岁	那位	了

분석　老人 lǎorén 명 노인 | 岁 suì 명 살, 세 | 位 wèi 양 분 [사람을 높여서 세는 단위]

해설　'那位'는 지시대명사 '那(그)'와 사람을 높여서 세는 단위 '位(분)'로 이루어져 있는데, 이렇게 묶여서 명사인 '老人(노인)'을 수식할 수 있다. '已经(이미)'은 부사로 술어 앞에 놓이며, 술어 뒤에는 '了'를 붙여서 '이미 ~했다', '이미 ~되었다'라는 표현이 된다. '이미 100살이 되었다'라는 의미로 '100岁'의 앞 뒤에 '已经…了'를 붙여서 문장을 완성한다.

TIP　'지(시대명사) + 양(사) + 명(사)' 순서를 잘 기억해두자!0

经常　　的　　冬天　　刮风　　这个城市

분석　经常 jīngcháng [부] 종종, 자주 | 冬天 dōngtiān [명] 겨울 | 刮风 guāfēng [동] 바람이 불다 | 城市 chéngshì [명] 도시

해설　술어 '刮风(바람이 불다)'은 동사 '刮(불다)' + 목적어 '风(바람)'으로 이루어진 이합동사이다. 따라서 뒤에 목적어가 올 수 없기 때문에 명사는 주어 자리에 놓아야 한다. '这个城市(이 도시)'와 '冬天(겨울)'을 수식 관계로 만들기 위해 중간에 '的'를 넣어서 주어 자리에 배치한다. '经常(자주)'은 부사로 술어 '刮风' 앞에 놓는다.

她　　打篮球　　跟金老师　　在

분석　打篮球 dǎ lánqiú [동] 농구하다 | 在 zài [부] ~하고 있는 중이다

해설　'打篮球(농구하다)'는 고맙게도 술어 '打'와 목적어 '篮球'가 같이 붙어있다. 농구를 하는 주어는 '她(그녀)'라는 것도 쉽게 찾을 수 있다. 나머지 수식 성분을 잘 배치해야 되는데 '在'는 '~에서'라는 의미인 전치사로 쓰일 수 있지만, 장소를 나타내는 명사가 없으므로 부사 '~하고 있는 중이다'라는 의미로 쓰였음을 알 수 있다. '跟金老师(김 선생님과)'는 전치사구로 술어 앞에서 술어를 수식한다. 전치사구와 부사는 모두 부사어로서 술어를 수식하기 때문에 부사와 전치사구가 같이 나오는 경우에는 부사를 먼저 쓰고 그 뒤에 전치사구를 써야 한다.

TIP　'在'의 다양한 쓰임
① 전치사 '在' + 명사: ~에서
② 동사 '在' + 명사: ~에 있다
③ 부사 '在' + 동사: ~하고 있는 중이다

没　　表演　　还　　呢　　结束

분석　表演 biǎoyǎn [명] 공연, 연극 | 还 hái [부] 아직, 여전히 | 结束 jiéshù [동] 끝나다, 끝마치다

해설　술어 '结束(끝나다)'와 주어 '表演(공연)'을 알맞게 배치한다. '还'는 '아직'이라는 부사, '没'도 부정부사이다. 이렇게 술어 앞에 여러 부사가 같이 나올 경우 일반부사를 먼저 쓰고 그 다음에 부정부사를 쓴다. '呢'는 문장 맨 끝에서 문장의 말투를 완화시켜주는 역할을 하기 때문에 문장 맨 마지막에 붙여준다.

유형별 전략 03 실전 문제 정답　　　　　　　　　　　　▶p.204

1. 这张照片照得真漂亮。　이 사진 정말 예쁘게 찍었다.
2. 她长得真像她爸爸。　그녀는 생긴 것이 그녀의 아버지와 정말 비슷하다.
3. 她写汉字写得真漂亮。　그녀는 한자를 정말 예쁘게 쓴다.
4. 那个孩子害怕得哭了。　그 아이는 무서워서 울었다.
5. 他自行车骑得很快。　그는 자전거를 빠르게 탄다.

照　　漂亮　　这张　　得　　真　　照片

분석 照 zhào 동 찍다 | 张 zhāng 양 종이를 세는 단위 | 照片 zhàopiàn 명 사진

해설 술어 '照(찍다)'를 먼저 찾는다. 나열되어 있는 단어들 중 '得'를 통해 정도보어가 들어간 문장을 만들어야 한다는 것을 알 수 있다. '这 张', 즉, '지시대명사 + 양사' 뒤에 들어갈 수 있는 품사는 명사이기 때문에 뒤에 '照片(사진)'을 붙여 술어 '照(찍다)' 앞에 배열한다. 정 도보어 자리에 주로 들어가는 품사는 형용사이고 그 앞에는 정도부사가 필요하기 때문에 '真(정말)'과 '漂亮(예쁘다)'을 '得' 뒤에 배열 한다.

TIP 주어 + 술어 + 得 + 정도보어

문제 2 ▶

真	她爸爸	像	长得	她

분석 长 zhǎng 동 자라다, 생기다 | 像 xiàng 동 비슷하다, 닮다

해설 '得'와 붙어있기 때문에 '长(생기다)'이 이 문장의 술어라는 것을 알 수 있다. 의미상 그녀가 그녀의 아버지를 닮은 것이기 때문에 주어 자리에는 '她(그녀)'를 놓고, 정도보어 자리에는 '像她爸爸(그녀의 아버지를 닮다)'를 놓아준다. 그리고 남아있는 '真(정말)'은 '像她爸 爸' 앞에 놓아 '정말 비슷하다'는 의미를 만들어준다.

TIP '长'이 형용사로 쓰이면 'cháng'으로 '(길이가) 길다'라는 의미지만, 동사로 쓰이면 'zhǎng'으로 '자라다, 생기다'라는 의미이다. 중국어는 같지만 발음에 따라 품사와 의미가 달라지는 단어이므로 주의하자!

문제 3 ▶

汉字	写得	真	她	漂亮	写

분석 汉字 hànzì 명 한자 | 写 xiě 동 쓰다

해설 정도보어임을 알 수 있는 '得'가 있고, 술어 '写(쓰다)'가 두 개 나와있기 때문에 목적어가 들어간 정도보어 문장을 만들어야 한다는 것 을 파악할 수 있다. 정도보어 문장에서 목적어는 술어 바로 뒤에 놓고 그 뒤에 술어를 한 번 더 반복한다. 따라서 한자를 쓰는 행위를 하는 주어는 '她(그녀)'이고, 뒤에 술어 '写(쓰다)'를 먼저 쓴 뒤 목적어 '汉字(한자)'를 놓고 다시 술어 '写'를 반복해서 쓴다. 그리고 그 뒤에 정도보어 '真漂亮(매우 예쁘다)'을 놓는다.

TIP 주어 + (술어) + 목적어 + 술어 + 得 + 정도보어

문제 4 ▶

那个	害怕	哭了	孩子	得

분석 孩子 háizi 명 아이 | 害怕 hàipà 동 무서워하다, 두려워하다 | 哭 kū 동 울다

해설 술어 '害怕(무서워하다)'를 찾고, 무서워하는 주어인 '那个孩子(그 아이)'를 찾아서 문장 앞에 놓아준다. 그리고 술어 뒤에 '得'를 붙인 후 정도보어 자리에 두려운 정도가 어느 정도인지 알려주는 '哭了(울었다)'를 써준다.

문제 5 ▶

骑	自行车	很快	得	他

분석 骑 qí 동 (자전거, 오토바이 등을) 타다 | 自行车 zìxíngchē 명 자전거 | 快 kuài 형 빠르다

해설 '得'를 통해 정도보어 문장을 떠올린다. 목적어 '自行车(자전거)'가 있지만 술어가 '骑(타다)' 하나밖에 없다. 정도보어에서 목적어가 들 어간 문장은 첫 번째 술어를 생략할 수 있는데, 만약 정도보어 문제에서 목적어가 있지만 술어가 하나뿐이라면 앞에 있는 술어를 생략 한 형태로 문장을 만들어야 한다. 자전거를 타는 주체는 '他(그)'가 적절하며, 원래는 주어 바로 뒤에 술어가 오지만 앞서 말했듯이 첫 번째 술어는 생략할 수 있으므로 먼저 목적어 '自行车'를 놓고 그 뒤에 술어 '骑'와 정도보어 '很快(매우 빠르다)'를 순서대로 써주면 된다.

TIP 주어 + (술어) + 목적어 + 술어 + 得 + 정도보어

1. 我打错了电话。 나는 전화를 잘못 걸었다.
2. 我们已经准备好了。 우리는 이미 준비가 잘 되었다.
3. 妈妈终于找到了手机。 엄마는 마침내 휴대전화를 찾아냈다.
4. 我没听懂他说的话。 나는 그가 한 말을 알아듣지 못했다.
5. 弟弟没背完今天学的词语。 남동생은 오늘 배운 단어를 다 외우지 못했다.

문제 1 ▶

打　　电话　　我　　错了

분석 **打** dǎ 동 (전화를) 걸다 | **电话** diànhuà 명 전화 | **错** cuò 동 틀리다

해설 '打'는 '치다, 때리다'라는 뜻도 있지만 배열된 단어 중 '电话(전화)'를 통해 '打'가 '(전화를) 걸다'라는 뜻으로 쓰인 것을 알 수 있다. 전화를 거는 주어는 '我(나)', 목적어는 '电话'이며, 남아있는 '错了(틀렸다)'는 동작의 결과 그 동작이 틀렸음을 알려주는 결과보어 성분으로 동사 '打' 뒤에 붙여준다.

TIP 술어 뒤에 결과보어가 있는 경우 '了'의 위치는 술어 뒤가 아닌 결과보어 뒤로 옮겨간다. '了'가 붙어있는 단어가 술어가 될 확률이 높지만 결과보어가 들어가는 문장인지 반드시 확인하고 자리를 결정하자!

문제 2 ▶

准备　　已经　　我们　　好了

분석 **准备** zhǔnbèi 동 준비하다 | **已经** yǐjīng 부 이미

해설 동사술어 '准备(준비하다)'와 준비하는 동작을 하는 주어 '我们(우리)'을 찾는다. '好了'는 술어 뒤에서 동작의 결과로 동작이 잘 되었음을 나타내는 결과보어 성분으로 넣는다. 부사 '已经(이미)'은 술어 앞에서 술어를 수식하므로 술어 '准备' 앞에 놓는다.

TIP 결과보어의 술어 자리에는 동사만 들어갈 수 있다.

문제 3 ▶

终于　　手机　　找　　妈妈　　到了

분석 **终于** zhōngyú 부 드디어, 마침내 | **手机** shǒujī 명 휴대전화 | **找** zhǎo 동 찾다

해설 술어 '找(찾다)'와 찾는 동작을 하는 주어 '妈妈(엄마)', 그리고 찾는 대상인 '手机(휴대전화)'를 각각 주술목 자리에 배치한다. '到了'는 동사 뒤에서 동작이 어떠한 목적을 달성했다는 것을 나타내기 때문에 술어 뒤에 놓고, '终于(마침내)'는 부사로 술어 앞에 놓는다.

문제 4 ▶

他说的　　没　　我　　话　　听懂

분석 **说** shuō 동 말하다 | **话** huà 명 말, 이야기 | **听** tīng 동 듣다 | **懂** dǒng 동 이해하다

해설 '听懂'은 동사 '听(듣다)'과 듣는 동작을 한 결과 '懂(이해하다)'했다는 뜻으로 이루어진 '동사 + 결과보어' 구조이다. 결과보어가 들어간 문장은 술어 앞에 부정부사 '没'를 놓아서 '동작의 결과 ~하지 못했다'라는 것을 나타낸다. 부사는 술어 앞에 위치하고 듣는 행동을 하는 주어는 '我(나)', 목적어 자리에는 '他说的话(그가 한 말)'를 알맞게 배열한다.

词语　　没　　弟弟　　今天学的　　背完

분석　词语 cíyǔ 몡 단어, 어휘 | 背 bèi 동 외우다

해설　'完(끝나다)'은 동사 뒤에서 동작을 다 했음을 나타내는 결과보어로 쓰일 수 있으므로 '完'과 붙어 있는 단어가 술어라는 힌트를 얻을 수 있다. 주어는 '弟弟(남동생)', '的'는 명사를 수식하는 관형어와 명사 사이에 들어가기 때문에 '今天学的(오늘 배운)' 뒤에는 명사 '词语(단어)'를 붙여 목적어 자리에, 부정부사 '没'는 술어 앞에 배열한다.

유형별 전략 05 실전 문제 정답　　　　　　　　　　▶p.214

1. 我经常用铅笔画画儿。　나는 종종 연필을 사용해서 그림을 그린다.

2. 我不让弟弟玩儿游戏。　나는 남동생이 게임을 하지 못하게 한다. /
　　弟弟不让我玩儿游戏。　남동생은 내가 게임을 하지 못하게 한다.

3. 我不想跟他去图书馆看书。　나는 그와 도서관에 가서 책을 보고 싶지 않다.

4. 你敢不敢用冷水洗澡？　너 감히 찬물을 사용해서 샤워할 수 있어?

5. 房间里有人打电话。　방 안에서 어떤 사람이 전화를 건다.

用　　画儿　　经常　　铅笔　　画　　我

분석　用 yòng 동 사용하다 | 画儿 huàr 몡 그림 | 铅笔 qiānbǐ 몡 연필 | 画 huà 동 그리다

해설　한 개의 주어에 동작이 여러 개가 있으면 연동문으로 만들어보자. 연동문은 항상 일이 일어나는 순서대로 배열한다. 연필을 사용해야 그림을 그릴 수 있기 때문에 이 모든 동작을 하는 주어로 '我(나)'를 놓고, 첫 번째 술어 '用(사용하다)'의 목적어로 '铅笔(연필)'를 붙인다. 이어서 두 번째 술어 '画(그리다)' 뒤에 '画儿(그림)'이라는 목적어를 붙인다. 남아있는 부사 '经常(종종)'은 첫 번째 술어 앞에 놓아서 문장을 완성한다.

游戏　　让　　弟弟　　玩儿　　我　　不

분석　游戏 yóuxì 몡 게임

해설　'让'을 통해 사역겸어문을 만들어야 하는 것을 알 수 있다. 이 문장의 경우에는 주어와 겸어의 자리가 바뀌어도 해석상 문제가 없다. 겸어문에서 부정부사, 일반부사, 조동사 등은 첫 번째 동사 앞, 즉, 사역동사 앞에 위치한다. '玩儿(놀다)'의 목적어 '游戏(게임)'를 붙이고 앞에는 게임을 하는 주어이자 시킴을 받는 대상을 쓴다.

TIP　겸어문을 앞에서부터 만들기 헷갈린다면 '대상이 무엇을 하다'라는 문장을 먼저 만들고, 대상 앞에 그 행위를 시키는 사람을 붙이면 쉽게 겸어문을 만들 수 있다.

我　　去　　跟他　　看书　　不想　　图书馆

| 분석 | 跟 gēn 전 ~와 | 想 xiǎng 조동 ~하고 싶다 |

| 해설 | 술어 '去(가다)'와 '看(보다)'이 동시에 나왔으므로 연동문이다. 의미상 도서관에 가야 책을 볼 수 있다. 따라서 첫 번째 술어 '去'의 목적어로 '图书馆(도서관)'을 놓고, 두 번째 술어 '看' 뒤에는 목적어 '书(책)'가 붙어있다. 그리고 이 동작을 하는 주어 '我(나)'를 맨 앞에 둔다. 연동문이든 겸어문이든 부사, 조동사, 전치사구는 첫 번째 술어 앞에 위치한다. |

문제 4

| 敢不敢 | 你 | 冷水 | 洗澡 | 用 |

| 분석 | 敢 gǎn 조동 감히 ~하다 | 冷水 lěngshuǐ 명 찬물 | 洗澡 xǐzǎo 동 샤워하다 |

| 해설 | 술어 '用(사용하다)'과 '洗澡(목욕하다)'가 동시에 나왔으므로 연동문이다. 물을 사용해서 샤워를 하기 때문에 첫 번째 술어 '用'과 목적어 '冷水(차가운 물)'를 먼저 앞쪽에 놓고, 두 번째 술어 '洗澡'를 뒤에 배열한다. '敢'은 조동사이기 때문에 첫 번째 술어 '用' 앞에 놓는다. |

| TIP | '洗澡'는 이합동사(동사 + 목적어)이기 때문에 뒤에 다른 목적어가 올 수 없다. 또한 모든 동사에 목적어가 다 필요한 것은 아니다. |

문제 5

| 有 | 电话 | 人 | 房间里 | 打 |

| 분석 | 电话 diànhuà 명 전화 | 打 dǎ 동 (전화 등을) 걸다 | 房间 fángjiān 명 방 |

| 해설 | 첫 번째 술어가 '有(있다)'인 겸어문이다. 연동문과 겸어문 모두 첫 술어가 '有'일 수 있기 때문에 단어의 배열로 먼저 해석을 해보고 연동문인지 겸어문인지 구별한다. 이 문장은 '有(있는)'하는 사람이 전화를 거는 것이기 때문에 겸어문이다. 따라서 장소인 '房间里(방 안)'를 문장 맨 앞에 두고 첫 번째 술어 '有'의 목적어 '人(사람)', 이 사람이 하는 동작 '打(걸다)', '电话(전화)'를 뒤쪽에 알맞게 배열한다. |

유형별 전략 06 실전 문제 정답 ▶p.218

1. 冰箱里没有水果。 냉장고 안에는 과일이 없다.
2. 楼上下来了三个人。 위층에서 세 사람이 내려왔다.
3. 上午搬走了三张桌子。 오전에 책상 세 개를 옮겨갔다.
4. 车里坐着几个人。 차 안에는 몇 사람이 앉아있다.
5. 公司在图书馆后边。 회사는 도서관 뒤쪽에 있다. / 图书馆在公司后边。 도서관은 회사 뒤쪽에 있다.

문제 1

| 里 | 水果 | 冰箱 | 没有 |

| 분석 | 水果 shuǐguǒ 명 과일 | 冰箱 bīngxiāng 명 냉장고 |

| 해설 | '有/没有'존현문은 '정확한 장소에 불특정한 대상이 있다/없다'라는 의미로 쓰인다. 여기서 정확한 장소란 장소 뒤에 방위사가 붙어 정확하게 위치를 알려주는 것을 의미한다. 따라서 주어 자리에는 '冰箱里(냉장고 안)', 목적어 자리에는 사과나 바나나처럼 특정한 과일이 아닌 모든 과일을 통칭하는 '水果(과일)'를 놓는다. |

| TIP | 정확한 장소 + 有/ 没有 + 불특정 대상 |

문제 2

三个　　了　　楼上　　人　　下来

분석　楼 lóu 명 건물, 층 | 上 shàng 명 동 위/아래에서 위로 움직이는 것을 나타냄 | 下 xià 동 명 아래/위에서 아래로 움직이는 것을 나타냄

해설　술어 '下来(내려오다)'를 통해 '정확한 장소나 시간에서 불특정 대상이 출현함'을 나타내는 문장을 만들어야 한다. 장소 '楼上(위층, 건물 위)'을 주어 자리에 놓고 불특정한 대상인 '三个人(세 사람)'을 목적어 자리에 배치한다.

문제 3

三张　　上午　　搬走　　桌子　　了

분석　张 zhāng 양 종이, 윗면이 평평한 물건을 세는 단위 | 上午 shàngwǔ 명 오전 | 搬 bān 동 옮기다, 운반하다 | 桌子 zhuōzi 명 책상, 테이블

해설　술어 '搬走(옮겨가다)'를 통해 '장소나 시간에 불특정한 대상이 소실되었음'을 나타내는 문장을 만들어야 함을 알 수 있다. 시간명사 '上午(오전)'를 주어 자리에 쓰고 불특정한 대상인 '三张桌子(세 개의 책상)'를 목적어 자리에 배치한다.

문제 4

着　　车　　坐　　人　　里　　几个

분석　着 zhe 조 동작의 진행, 지속을 나타냄 | 车 chē 명 차, 자동차 | 坐 zuò 동 앉다

해설　존현문은 정확한 장소에 불특정한 대상이나 사물이 존재한다는 것을 알려주기 때문에 장소가 먼저 나와야 한다. 따라서 장소 '车里(차 안)'에 동사 '坐(앉다)'와 동작의 지속을 의미하는 '着'를 같이 붙이고 목적어 자리에 불특정한 사람을 나타내는 '几个人(몇 명의 사람)'을 배치한다.

TIP　정확한 장소 + 동사 '着' + 불특정 대상

문제 5

公司　　图书馆　　在　　后边

분석　公司 gōngsī 명 회사 | 图书馆 túshūguǎn 명 도서관 | 在 zài 동 있다 | 后边 hòubian 명 뒤쪽

해설　'在'존현문은 '특정 대상이 정확한 장소에 있다'라고 할 때 쓰이기 때문에 주어 자리에는 정확한 대상이 온다. 그리고 목적어인 정확한 장소란 장소 뒤에 방위사가 붙어 정확하게 위치를 알려주는 것을 의미한다. 따라서 '公司(회사)'와 '图书馆(도서관)' 중 하나를 주어 자리에 쓰고 나머지 명사 뒤에 방위사 '后边(뒤쪽)'을 붙여 목적어 자리에 배열한다.

TIP　특정 대상 + 在 + 정확한 장소

유형별 전략 07 실전 문제 정답　　▶p.222

1. 我比他大五岁。　나는 그보다 5살이 많다.

2. 我跟你一样喜欢吃中国菜。　나는 너와 똑같이 중국요리 먹는 것을 좋아한다.

3. 今天比昨天更冷。　오늘은 어제보다 더 춥다.

4. 小王没有你这么高。　샤오왕은 너만큼 이렇게 크지 못하다.

5. 这个教室比那个小一些。　이 교실은 저것보다 조금 작다.

五岁　他　大　我比

분석　岁 suì 몡 살, 세, 나이 | 大 dà 혱 크다, 나이가 많다

해설　'比'를 통해 비교문을 만들어야 한다는 것을 알 수 있다. '我(나)'와 '比'가 붙어 있기 때문에 비교 대상에 '他(그)'를 놓고 '나이가 많다' 라는 뜻을 가진 '大'를 술어 자리에 놓는다. 술어의 수량을 보충할 때는 항상 술어 뒤에서 보충해야 하기 때문에 '五岁(다섯 살)'는 술어 '大' 뒤에 놓는다.

TIP　A + 比 + B + 술어 + 수량: A는 B보다 (수량)만큼 ~하다

문제 **2**

喜欢　一样　我　跟你　吃中国菜

분석　喜欢 xǐhuan 동 좋아하다 | 一样 yíyàng 혱 같다 | 中国菜 zhōngguócài 몡 중국음식

해설　'A + 跟 + B + 一样'은 'A와 B는 같다'는 동등비교문으로 아래 팁의 A와 B자리에 비교 대상 '我(나)'와 '你(너)'를 넣고 술어 자리에 '喜欢(좋아하다)', 목적어 자리에는 '吃中国菜(중국음식을 먹는 것)'를 넣으면 된다.

TIP　A + 跟 + B + 一样 + 술어[동사(구)/형용사]: A는 B만큼 ~하다

문제 **3**

冷　今天　更　比昨天

분석　昨天 zuótiān 몡 어제 | 冷 lěng 혱 춥다 | 更 gèng 뷔 더, 더욱

해설　'比'자 비교문 형식에 알맞게 '今天(오늘)'과 '比昨天(어제보다)'을 아래 팁의 A와 B자리에 순서대로 넣어주고 '冷(춥다)'을 술어 자리에 넣는다. 'A가 B보다 훨씬 ~하다'라는 의미를 강조하고 싶을 경우 술어 앞에 부사 '更'을 넣어 수식할 수 있다. 따라서 여기서도 '更'은 '冷' 앞에 넣어준다.

TIP　A + 比 + B + 更/还 + 술어: A가 B보다 더 ~하다

문제 **4**

高　小王　这么　没有你

분석　高 gāo 혱 높다, (키가) 크다 | 这么 zhème 때 이렇게, 이만큼

해설　만약 '没有'가 '없다'라는 동사 의미로 쓰이지 않았을 경우 비교문으로 쓰이는지 확인해야 한다. '没有' 뒤에 있는 '你'는 아래 TIP의 B자리에 이미 놓여있으므로, 비교를 하는 대상인 '小王'은 A자리에 놓으면 된다. 그리고 형용사술어 '高(키가 크다)'를 찾아준다. '没有' 비교문은 별다른 수식 방법 없이 술어 앞에 '这么(이렇게)' 또는 '那么(저렇게)'로 수식할 수 있다.

TIP　A + 没有 + B + 这么/那么 + 형용사: A는 B만큼 이렇게/저렇게 ~하지 못하다

문제 **5**

一些　比　那个　这个教室　小

분석　教室 jiàoshì 몡 교실 | 小 xiǎo 혱 작다

해설　아래 팁의 A와 B자리에 알맞게 대상을 배치하고 술어로 들어갈 단어가 '小(작다)'뿐이기 때문에 술어 자리에 '小'를 쓴다. '比'자 비교문에서 형용사술어일 경우 술어 뒤에 '一些'를 써서 '조금, 약간 더 ~하다'라는 의미를 나타낼 수 있다.

TIP　A + 比 + B + 형용사 + 一些: A가 B보다 조금 더 ~하다

1. 我不敢把这件事告诉他。 나는 이 일을 그에게 함부로 알릴 수 없다.

2. 啤酒被姐姐喝完了。 맥주는 언니(누나)에 의해 다 마셔졌다.

3. 他决定把电脑送给妹妹。 그는 컴퓨터를 여동생에게 주기로 결정했다.

4. 这件衣服被洗干净了。 이 옷은 깨끗이 세탁되었다.

5. 他被妈妈打了一顿。 그는 엄마에게 한 대 맞았다.

문제 1

告诉他　把　不敢　这件事　我

분석　告诉 gàosu 동 알리다 | 敢 gǎn 조동 감히 ~하다

해설　술어를 가장 먼저 찾는다. 배열된 단어 중 술어로 쓰일 수 있는 것은 목적어를 뒤에 동반하고 있는 '告诉他(그에게 알리다)'이다. 알리는 주어는 '我(나)'이고 '把'는 목적어를 술어 앞으로 끌고 오는 역할을 하기 때문에 '把' 뒤에는 '这件事(이 일)'가 와야 적합하다. 앞에서 말했듯이 '把'는 전치사이기 때문에 부사 '不敢(감히 ~하지 못하다)'은 당연히 전치사구 앞에 위치해야 한다.

TIP　일부 동사는 목적어를 두 개 동반할 수 있는데, 목적어를 두 개 동반할 때는 첫 번째 목적어 자리에는 사람 관련 목적어가 온다.

문제 2

姐姐　喝完了　啤酒　被

분석　啤酒 píjiǔ 명 맥주

해설　동사와 결과보어가 붙어있는 '喝完了(다 마셨다)'를 술어로 두고, '被'가 들어간 문장은 '(주어)가 ~에게 어떤 행위를 당했다'라는 것을 알려주기 때문에 주어 자리에는 행위를 당하는 대상이 온다. 두 명사 '姐姐(언니, 누나)'와 '啤酒(맥주)' 중, 언니(누나)가 맥주에게 마시는 행위를 당할 수 없으므로 주어 자리에는 '啤酒'가 오고, '被'와 함께 전치사구를 만들 목적어는 '姐姐'가 된다.

TIP　주어(행위를 당하는 것) + [被 + 명사(행위를 가하는 것)] + 술어 + 기타성분

문제 3

送给　把电脑　妹妹　他决定

분석　送 sòng 동 보내다 | 电脑 diànnǎo 명 컴퓨터 | 决定 juédìng 동 결정하다

해설　주어와 술어가 묶여있는 '他决定(그는 결정했다)'부터 앞에 배치한다. 그리고 '把'자문이 나와있으니, '그가 ~을 어떻게 하기로 결정했다'라는 문장을 만들어야 함을 인식해야 한다. '送(보내다)' 뒤에는 '给(~에게)'가 있기 때문에 그 전치사 뒤에는 하나 남은 명사 '妹妹(여동생)'를 붙인다. '把'는 전치사이고 명사 '电脑(컴퓨터)'와 함께 전치사구를 이루었기 때문에, 술어 '送' 앞에 넣어준다. 즉, '컴퓨터를 여동생에게 주기로 결정했다'라는 문장이 완성된다.

TIP　주어 + [把 + 목적어] + 술어 + 给 + 대상: (주어)가 (목적어)를 (대상)에게 (술어)하다

문제 4

洗　衣服　干净了　这件　被

분석　衣服 yīfu 명 옷 | 洗 xǐ 동 씻다, 빨다 | 干净 gānjìng 형 깨끗하다

해설　'衣服(옷)'와 '지시대명사 + 옷을 세는 양사' 형태인 '这件'과 같이 우선 연결해둔다. '被'를 보고 '被'자문을 만들어야 함을 파악한다. 옷은 행위를 가하는 대상이 될 수 없다. 즉, 옷이 무언가에 어떤 행위를 당한다는 건데 '被'와 같이 쓰일 명사가 없다. '被'자문에서는

'被' 뒤 명사가 생략될 수 있기 때문이다. 따라서 '被' 뒤에 바로 술어 '洗(씻다, 빨다)'를 붙이면 된다. 그리고 '세탁한 결과 깨끗해졌다' 는 의미로 '干净了'를 술어 뒤 기타성분 자리에 배치한다.

TIP 주어(행위를 당하는 것) + 被(행위를 가하는 것) + 술어 + 기타성분
여기에서 '被' 뒤에 따라오는 목적어(행위를 가하는 것)는 생략될 수 있다.

문제 5

一顿 他 打了 被妈妈

분석 顿 dùn 양 구타, 질책, 식사 등의 횟수를 세는 단위 | 打 dǎ 동 치다, 때리다

해설 이 문제도 마찬가지로 '被'를 보고 '被'자문을 만들어야 함을 알 수 있다. 맞은 대상인 주어 '他(그)'와 전치사구 '被妈妈(엄마로부터)' 를 알맞게 배열하고 그 뒤에 술어 '打了(때렸다 → 피동이므로 '맞았다')를 배치한다. 술어 뒤에는 때린 횟수를 셀 때 쓰이는 양사 '一 顿(한 대)'으로 기타성분 자리를 채운다.

TIP 주어(행위를 당하는 것) + [被 + 명사(행위를 가하는 것)] + 술어 + 기타성분

유형별 전략 09 실전 문제 정답 ▶p.232

1. 电影马上就要开始了。 영화가 곧 시작할 것이다.
2. 火车快到了。 기차가 곧 도착할 것이다.
3. 同学们快要去上课了。 학우들은 곧 수업을 하러 갈 것이다.
4. 马上要下雨了。 곧 비가 내릴 것이다.
5. 她下星期就要结婚了。 / 下星期她就要结婚了。 그녀는 다음 주에 곧 결혼할 것이다.

문제 1

马上 开始 电影 了 就要

분석 马上 mǎshàng 부 곧, 즉시 | 开始 kāishǐ 동 시작하다 | 电影 diànyǐng 명 영화

해설 '了'를 보고 섣불리 동작이 완료되었다고 생각해서는 안 된다. 배열된 단어를 보면 '就要'가 있기 때문에 임박태를 떠올려야 한다. 임박 태 '就要…了'는 동작이 잠시 후 발생함을 알려주는데, 앞에 종종 '马上'이 쓰여 '곧 ~할 것이다'라는 의미를 나타낸다. 주어 자리에는 '电影(영화)'을 넣고, '就要…了' 사이에는 곧 일어날 동작 '开始(시작하다)'를 알맞게 배열한다.

문제 2

了 到 快 火车

분석 火车 huǒchē 명 기차 | 到 dào 동 도착하다

해설 배열 단어를 훑어보았을 때 '快'가 '빠르다'라는 의미로, '了'는 완료의 의미로 쓰인 것 같지 않았을 경우 역시나 임박태를 떠올릴 수 있 어야 한다. 여기서는 '快…了' 형태의 임박태가 쓰였다. 주어 자리에는 '火车(기차)'를 배치하고, '快…了' 사이에는 곧 일어날 동작 '到 (도착하다)'를 놓는다.

문제 3

快要 同学们 上课 了 去

| 분석 | 同学 tóngxué 명 학우 |

| 해설 | '快要…了' 역시 임박태이다. 동작을 행하는 주어는 '同学们(학우들)'이고, 그들이 곧 할 동작은 수업하러 가는 것이기 때문에 순서대로 '去(가서)'와 '上课(수업하다)'를 '快要…了' 사이에 배열한다. |

문제 4

| 马上 | 了 | 下 | 要 | 雨 |

| 분석 | 下雨 xiàyǔ 동 비가 내리다 |

| 해설 | 임박태 형식인 '要…了' 앞에는 자주 함께 쓰이는 부사 '马上'을 맨 앞에 놓고, '要…了' 사이에는 일어날 동작 '下雨(비가 내리다)'를 배열한다. |

문제 5

| 就要 | 她 | 结婚 | 下星期 | 了 |

| 분석 | 下星期 xiàxīngqī 명 다음 주 | 结婚 jiéhūn 동 결혼하다 |

| 해설 | 술어는 '结婚(결혼하다)', 결혼을 하는 주어는 '她(그녀)', 시간은 '下星期(다음 주)'이다. 시간명사는 주어 앞뒤에 와도 상관없으며 임박태 '就要…了' 사이에 곧 일어날 동작인 '结婚'을 넣어 알맞게 배열한다. |

부분별 전략 01 실전 문제 정답 ▶p.237

1. 这两个词语的意思相同。 이 두 개의 단어의 뜻은 서로 같다.
2. 他的脸还没洗干净。 그의 얼굴은 아직 깨끗이 씻지 않았다.
3. 爸爸的太阳镜花了800块钱。 아버지의 선글라스는 800위안이 들었다.
4. 老年人要关心自己的腿脚。 노인은 자신의 다리와 발에 관심을 가져야 한다.
5. 她说汉语说得越来越好了。 그녀가 중국어를 말하는 것이 점점 더 좋아졌다.
6. 我洗干净了同事的衣服。 나는 직장 동료의 옷을 깨끗이 빨았다.
7. 他认真地看报纸。 그는 열심히 신문을 본다.
8. 会议什么时候举行? 회의는 언제 개최하나요?
9. 他准备和女朋友明年结婚。 그는 여자친구와 내년에 결혼을 준비한다.
10. 我没听懂他说的话。 나는 그가 한 말을 알아듣지 못했다.

문제 1

| 这两个 | 相同 | 词语的 | 意思 |

| 분석 | 相同 xiāngtóng 형 서로 같다 | 词语 cíyǔ 명 단어, 어휘 | 意思 yìsi 명 의미, 뜻 |

| 해설 | 술어가 될 수 있는 단어는 '相同(서로 같다)'이다. 형용사이기 때문에 목적어를 동반할 수 없으므로 나머지 명사는 알맞게 술어 앞으로 배열하면 된다. '的' 뒤에는 대부분 명사가 오기 때문에 '词语的(단어의)' 뒤에는 명사이고 의미상으로도 적절한 '意思(의미)'를 놓는다. 남아있는 양사 '这两个(이 두 개의)'는 명사 앞에 와야 하기 때문에 '词语' 앞에 배열한다. |

还　　他的　　洗干净　　没　　脸

분석　还 hái 부 아직, 여전히 | 洗 xǐ 동 씻다, 닦다 | 干净 gānjìng 형 깨끗하다 | 脸 liǎn 명 얼굴

해설　'洗干净(깨끗이 닦다)'을 술어와 결과보어 자리에 놓고, '他的(그의)' 뒤에는 꾸밈을 받는 명사 '脸(얼굴)'을 붙여 주어 자리에 놓는다. 또한, '还(아직)'는 일반부사이고 '没(~않다)'는 부정부사이다. 술어 앞에 일반부사와 부정부사가 같이 나올 경우에는 일반부사를 먼저 쓰기 때문에 술어 '洗(닦다)' 앞에 '还没(아직 ~않다)' 순으로 배열한다.

花了　　太阳镜　　800块钱　　爸爸的

분석　花 huā 동 쓰다, 소비하다 | 太阳镜 tàiyángjìng 명 선글라스

해설　'了'가 붙어 있기 때문에 '花了'가 술어라는 것을 쉽게 찾을 수 있다. 얼마를 썼는지에 대한 '800块钱(800위안)'을 술어 뒤 목적어 자리에 배치하고, '爸爸的(아버지의)' 뒤에는 꾸밈을 받는 명사 '太阳镜(선글라스)'을 붙여 주어 자리에 놓는다.

腿脚　　关心　　自己的　　老年人　　要

분석　腿脚 tuǐjiǎo 명 다리와 발 | 关心 guānxīn 동 관심을 가지다 | 自己 zìjǐ 명 자기 자신 | 老年人 lǎoniánrén 명 노인

해설　술어 '关心(관심을 가지다)'과 관심을 가지는 주어는 '老年人(노인)'이며, 관심을 가지는 대상인 '自己的腿脚(자신의 다리와 발)'는 목적어가 된다. 마지막 남은 '要(~해야 한다)'는 조동사로 술어 앞에 배열한다.

说　　了　　汉语　　越来越好　　说得　　她

분석　越来越 yuèláiyuè 부 점점 더 ~해지다

해설　'得'를 통해 그 앞 단어 '说(말하다)'가 술어라는 것과 정도보어 문장을 만들어야 한다는 힌트를 얻을 수 있다. '汉语(중국어)'라는 목적어가 있기 때문에 주어 '她(그녀)' 뒤에 술어 '说', 목적어 '汉语'를 배열하고 그 뒤에 술어를 다시 한번 반복한다. 그리고 말하는 정도가 어떤지 나타내는 '越来越好了(점점 더 좋아졌다)'를 정도보어 자리에 배열한다.

TIP　정도보어 문장에 목적어가 들어간 경우의 어순: 주어 + (술어) + 목적어 + 술어 + 得 + 정도보어

干净了　　衣服　　洗　　同事的　　我

분석　衣服 yīfu 명 옷 | 同事 tóngshì 명 직장 동료

해설　술어가 될 수 있는 단어는 '洗(세탁하다, 씻다)', 동작을 할 수 있는 주어는 '我(나)', 세탁할 수 있는 대상은 '衣服(옷)'이다. 명사를 수식하는 '同事的(직장 동료의)'는 의미상 명사 '衣服' 앞에서 수식해주며, '干净了(깨끗하다)'는 옷을 세탁한 결과를 보충해주는 결과보어 성분으로 술어 '洗' 뒤에 배열한다.

TIP　주어 + 술어 + 결과보어 + 了 + 목적어

报纸　　看　　认真地　　他

| 분석 | **报纸** bàozhǐ 명 신문 | **认真** rènzhēn 형 진지하다, 착실하다 |

| 해설 | 술어는 '看(보다), 보는 행동을 할 수 있는 주어는 '他(그)', 보여지는 대상인 목적어는 '报纸(신문)'를 각각의 자리에 알맞게 배열한다. '…地'는 술어 앞에서 술어를 수식하는 부사어와 술어 사이에서 수식 관계를 이뤄주는 단어로, 주로 형용사와 같이 쓰여 '(형용사)하게 (술어)하다'라는 의미를 만들어준다. 따라서 '…地'가 나오면 술어 앞으로 배열한다. |

문제 8 ▶

什么　会议　时候　举行

| 분석 | **会议** huìyì 명 회의 | **举行** jǔxíng 동 개최하다, 거행하다 |

| 해설 | 술어는 '举行(개최하다)'이고 의문명사 '什么时候(언제)'를 술어 앞에 배열해서 언제 개최하는지 묻는 문장을 만들어주고, 주어 자리에는 '会议(회의)'를 배열한다. |

문제 9 ▶

准备　女朋友　他　明年结婚　和

| 분석 | **准备** zhǔnbèi 동 준비하다 | **结婚** jiéhūn 동 결혼하다 |

| 해설 | '准备(준비하다)'라는 동사는 목적어로 명사를 수반하지 않으며, 주로 동사 또는 동사구 등이 온다. 주어는 '他(그)'로 그가 준비하는 것은 여자친구와 내년에 결혼하는 것이다. '和(~와)'는 전치사로, 명사 '女朋友(여자친구)'와 함께 전치사구를 이루어 '明年结婚(내년에 결혼하다)'이라는 술어 앞에 배열한다. |

문제 10 ▶

没　他说的　听懂　话　我

| 분석 | **懂** dǒng 동 이해하다 | **话** huà 명 말, 이야기 |

| 해설 | '听懂'은 '듣고 이해하다'라는 뜻으로 술어와 결과보어 성분으로 이루어진 단어이다. 듣고 이해하는 행위를 할 수 있는 주어는 '我(나)'이고 '목적어'는 '他说的话(그가 한 말)'이다. 마지막으로 '没(~하지 못하다)'는 부정부사로 술어 앞에 배열한다. |

부분별 전략 02 실전 문제 정답　　　　▶p.243

1. 他没有钱买房子。　그는 집을 살 돈이 없다.
2. 我已经被妈妈打了一顿。　나는 이미 엄마에게 한 대 맞았다.
3. 运动能使人健康。　운동은 사람을 건강하게 할 수 있다.
4. 前面走来一个人。　앞쪽에서 한 사람이 걸어온다.
5. 他没把这件事告诉大家。　그는 이 일을 모두에게 알리지 않았다.
6. 我跑得比他快。　나는 그보다 빨리 달린다.
7. 他下个月就要回国了。　그는 다음 달에 곧 귀국할 것이다.
8. 教室里坐着一个孩子。　교실 안에 한 아이가 앉아 있다.
9. 爸爸要去火车站接女儿。　아빠는 딸을 데리러 기차역에 가야 한다.
10. 床下躺着一只小狗。　침대 아래 강아지 한 마리가 누워 있다.

买　他　钱　没有　房子

분석　买 mǎi 동 사다 | 钱 qián 명 돈 | 房子 fángzi 명 집

해설　주어가 될 수 있는 가능성이 가장 높은 단어는 '他(그)' 하나이고 동사와 목적어가 각각 두 개씩 있으므로 연동문을 만들어야 한다. 연동문의 종류 중 첫 번째 술어가 '(没)有'인 연동문은 '～할 ～이 있다(없다)'라고 해석된다. 첫 번째 술어는 '没有(없다)', 목적어는 '钱(돈)'이 된다. 그리고 두 번째 술어 '买(사다)'를 놓고 마지막으로 목적어 '房子(방)'를 순서대로 배열하여 '방을 살 돈이 없다'라는 의미의 문장을 만들면 된다.

已经　我　一顿　打了　被　妈妈

분석　已经 yǐjīng 부 이미 | 顿 dùn 양 번, 끼 [식사·질책·구타 등을 세는 단위] | 打 dǎ 동 치다, 때리다 | 被 bèi 전 ～에게 ～을 당하다

해설　'被'를 보고 피동 문장을 만들어야 됨을 알 수 있다. 문맥상 행위를 당하는 주어는 '我(나)'이고, 그 행위는 '打了(때렸다)'가 될 것이다. '被'는 전치사로 동작을 가하는 목적어 '妈妈(엄마)'와 전치사구를 이루어서 술어 앞에 배치한다. 술어 뒤 기타성분 자리에는 때린 횟수인 '一顿(한 대)'을 배열한다. 마지막으로 부사 '已经(이미)'은 부→조→전 순서에 따라 전치사 '被' 앞에 놓아준다.

TIP　주어 + (부사 → 조동사 → 전치사) + [被 + 목적어] + 술어 + 기타성분

使人　能　健康　运动

분석　使 shǐ 동 ～하게 하다 | 健康 jiànkāng 형 건강하다 | 运动 yùndòng 동 운동하다

해설　'使'는 '～하게 하다'라는 뜻으로 겸어문을 만드는 대표적인 동사이다. 뒤에 '人(사람)'이 이미 있기 때문에 무엇이 사람을 어떻게 하는지를 찾으면 된다. 의미상 첫 주어는 '运动(운동)'이고, 운동은 사람을 건강해지게 하므로 '人' 뒤에는 '健康(건강하다)'을 쓴다. '能(～할 수 있다)'은 조동사로, 겸어문에서 조동사는 첫 번째 술어 앞에 들어가기 때문에 '使' 앞에 써야 한다.

一个人　走来　前面

분석　走 zǒu 동 걷다 | 前面 qiánmian 명 앞쪽

해설　'一个人(한 사람)'은 불특정한 대상으로 존현문을 만들 수 있다. 존현문은 어떤 장소에 불특정한 대상이 출현, 존재, 소실함을 나타내는 문장으로 주어 자리에 장소가 온다. 따라서 주어 '前面(앞쪽에서)'과 술어 '走来(걸어오다)', 목적어 '一个人'을 각각 배열한다.

TIP　장소 + 술어 + 불특정 대상

他　没　告诉　大家　把这件事

분석　告诉 gàosu 동 알리다, 말하다 | 事 shì 명 일

해설　'把'를 보고 '把'자문을 만들어야 함을 알 수 있다. 술어는 '告诉(알리다)'이고 알리는 주어는 '他(그)'이다. '把'는 전치사이므로 뒤에 명사인 '这件事(이 일)'과 전치사구를 이루고 있다. 이 전치사구는 술어 '告诉' 앞에 배치하고, '告诉' 뒤에는 나머지 목적어인 '大家(모두)'를 놓는다. '没'는 부정부사로 전치사 '把' 앞에 놓아야 한다.

TIP　주어 + 부사 + [把 + 목적어] + 술어 + 기타성분

比他　　我　　快　　跑得

분석　比 bǐ 전 ~보다 | 跑 pǎo 동 달리다, 뛰다

해설　'得'를 보고 정도보어 문장을 떠올려야 한다. 정도보어 자리에는 여러 가지 품사나 특수구문 등이 올 수 있다. 즉, '주어는 달리는 정도가 다른 대상보다 빠르다'는 의미로 주어 '我' 뒤에는 술어 '跑得(뛰는 정도가 ~하다)'를 놓아주고, 정도보어 자리에는 '比他(그보다) + 快(빠르다)' 형태로 배열한다.

TIP　주어 + 술어 + 得 + 정도보어

문제 **7**

了　　回国　　他下个月　　就要

분석　回国 huíguó 동 귀국하다 | 下个月 xià ge yuè 명 다음 달

해설　'了'를 보고 완료를 나타내는 문장을 만들어야 한다고 생각할 수 있지만 배열된 다른 단어 중 '就要'를 통해 임박태를 만들어야 한다는 것을 눈치채야 한다. '就要…了' 사이에는 일어날 동작 '回国(귀국하다)'를 배열한다. 맨 앞에는 귀국하는 주어인 '他(그)'와 시간사 '下个月(다음 달)'가 붙어있는 '他下个月'를 놓아주면 된다.

문제 **8**

孩子　　里　　教室　　一个　　坐着

분석　孩子 háizi 명 아이 | 教室 jiàoshì 명 교실 | 坐 zuò 동 앉다

해설　'一个(한)' 양사 뒤에 필요한 품사는 명사 '孩子(아이)'이다. '一个孩子(한 아이)'는 역시나 불특정한 대상이기 때문에 존현문을 염두에 두어야 한다. 존현문은 장소가 먼저 나오기 때문에 장소를 나타내는 '教室(교실)'과 '~안'을 나타내는 '里'를 붙여 주어 자리에 두고, 그 뒤로 술어 '坐着(앉아 있다)'와 목적어 '一个孩子'를 각각 알맞게 배열해준다.

TIP　장소 + 술어 + 불특정 대상

문제 **9**

要　　爸爸　　接　　火车站　　女儿　　去

분석　要 yào 조동 해야 한다. ~할 것이다 | 接 jiē 동 마중하다

해설　동작을 나타내는 동사가 여러 개 있기 때문에 연동문을 만들어야 한다. 문맥상 주어는 '爸爸(아빠)'이고 먼저 기차역에 가야 딸을 마중할 수 있기 때문에 첫 동작은 '去火车站(기차역에 가다)', 그 다음 동작은 '接女儿(딸을 데리러)'이다. '要(~해야 한다)'는 조동사로 연동문에서 조동사는 첫 번째 술어 앞에 위치한다.

TIP　연동문은 일반적으로 일의 발생 순서대로 배열한다.

문제 **10**

小狗　　躺　　一只　　床下　　着

분석　小狗 xiǎogǒu 명 강아지 | 躺 tǎng 동 눕다 | 床 chuáng 명 침대

해설　'一只(한 마리)'는 동물을 셀 때 쓰는 양사로 뒤에는 '小狗(강아지)'가 와야 한다. '一只小狗'는 불특정한 대상으로 목적어 자리에 두어야 한다. 장소 '床下(침대 아래)'를 주어 자리에, 동사 '躺' 뒤에 진행·지속의 의미인 '着'를 붙여 술어 자리에 놓으면 된다.

쓰기 | 제2부분

▶p.252

유형별 전략 01 실전 문제 정답

1. 事	2. 是	3. 千	4. 钱	5. 祝

문제 1

这件 (^{shì}) 我不太清楚，你再给我讲讲吧。	이 일, 나는 그다지 명확하지가 않아. 네가 나에게 다시 한번 설명해줘.

분석 事 shì 몡 일 | 清楚 qīngchu 혱 분명하다, 명확하다 | 再 zài 뷔 다시, 또 | 讲 jiǎng 동 이야기하다, 말하다

해설 빈칸의 앞뒤로 이어지는 단어가 없을 경우 문장 앞에서부터 해석해보면서 빈칸의 힌트를 찾자. 빈칸 앞에 양사 '件'이 있다. '件'은 옷을 셀 때도 쓰이지만 사건, 일, 서류 등을 셀 때도 쓰인다. 양사를 통해 뒤에 명사가 나올 것이라는 힌트를 얻은 후 빈칸의 병음 'shì'를 통해 가장 적합한 답은 '事(일)'임을 알 수 있다.

문제 2

黑板上的这只鸟 (^{shì}) 谁画的?	칠판 위에 이 새는 누가 그린 것이니?

분석 黑板 hēibǎn 몡 칠판 | 只 zhī 양 마리 [동물을 세는 단위] | 鸟 niǎo 몡 새 | 画 huà 동 그리다

해설 빈칸 앞뒤로 연결해서 만들 수 있는 단어가 없다. 문장 맨 끝에 '的'와 빈칸의 병음인 'shì'를 통해서 '是…的' 강조구문을 만들어 준다. '是…的' 강조구문은 이미 일어난 일에 한해 동작의 대상, 방식, 시간, 장소 등을 강조할 때 쓰인다.

TIP '只 zhī'는 '마리'라는 뜻의 양사로 주로 동물을 셀 때 쓰인다. '오직, 단지'를 나타내는 부사 '只 zhǐ'와 한자는 같지만 성조와 뜻이 다르므로 주의하자!

문제 3

一 (^{qiān}) 多年前，动物出现了吗?	천년 정도 전에는 동물이 출현했었나요?

분석 动物 dòngwù 몡 동물 | 出现 chūxiàn 동 나타나다, 출현하다

해설 빈칸 앞에 숫자 '一(1, 일)'와 뒤쪽에 '年(해, 년)'을 통해 빈칸에는 숫자가 들어간다는 것을 알 수 있다. 수 관련 단어 중 'qiān'이라는 발음을 가진 단어는 천 단위인 '千'이다.

TIP '多(여, 남짓)'가 수와 관련된 문장에 쓰이면 어림수를 나타낸다.

문제 4

这是我找您的5角3分 (^{qián})，欢迎你再来!	이것은 당신에게 거슬러드리는 5지아오 3편입니다. 또 오세요!

분석 找 zhǎo 동 거슬러주다 | 欢迎 huānyíng 동 환영하다

해설 빈칸 앞에 화폐 단위인 '5角3分'을 통해 빈칸에 적합한 단어는 '钱(돈)'이라는 것을 알 수 있다. 화폐 단위만 알고 있으면 쉽게 답을 알 수 있었기 때문에 화폐 단위는 기본적으로 외워두자.

TIP '找'는 '찾다'라는 뜻 이외에도 '~에게 얼마를 거슬러주다'라는 뜻도 가진다.

(^{zhù}) 你生日快乐!	너의 생일을 축하해!

분석　祝 zhù 통 기원하다, 축복하다 | 生日 shēngrì 명 생일 | 快乐 kuàilè 형 즐겁다, 유쾌하다

해설　'너의 생일이 즐겁기를 바란다, 축하한다'는 의미인 '생일 축하해'라는 표현은 중국어로 '祝你生日快乐'라고 한다. 기본적인 표현이니 꼭 기억해두자.

유형별 전략 02 실전 문제 정답　　　　　▶p.257

1. 花　　**2.** 化　　**3.** 元　　**4.** 远　　**5.** 晴

문제 1

草地上开着五颜六色的 (^{huā})。	풀밭에 가지각색의 꽃이 피어있다.

분석　草地 cǎodì 명 풀밭, 초지 | 开 kāi 통 피다, 열다 | 五颜六色 wǔyán liùsè 가지각색

해설　'huā'라는 발음을 가진 단어는 여러 가지가 있다. 우선 '的' 뒤가 빈칸이기 때문에 품사는 명사라는 것을 알 수 있다. 앞부분 내용을 보면 '풀밭에 피어있다'는 내용을 통해 빈칸에 들어갈 단어는 '花(꽃)'라는 것을 알 수 있다.

문제 2

这个城市变 (^{huà}) 真大啊!	이 도시는 변화가 정말 크다!

분석　城市 chéngshì 명 도시

해설　전체적인 내용과 빈칸 앞에 나온 '变'을 통해 빈칸에 올 수 있는 가장 적절한 단어는 '化'임을 알 수 있다. 즉, '变化(변화)'라는 의미가 되면 자연스럽다.

TIP　'花 huā'와 '化 huà'는 비슷하게 생겼지만 다른 한자이므로 잘 구분해서 써야 한다.

문제 3

10分是一角, 10角是一 (^{yuán})。	10펀은 1지아오이고, 10지아오는 1위안이다.

분석　元 yuán (화폐 단위) 위안 | 角 jiǎo (화폐 단위) 지아오 ['角'는 1元'의 10분의 1] | 分 fēn (화폐 단위) 펀 ['分'은 1元'의 100분의 1]

해설　화폐 단위를 알고 있으면 쉽게 풀 수 있는 문제이다. '元', '角', '分' 단위를 각각 기억해두고, 의미와 병음에 따라 알맞은 단위를 넣어주자.

TIP　元 > 角 > 分

문제 4

医院离这儿很 (^{yuǎn}), 我们坐出租车去吧。	병원은 여기에서부터 멀다. 우리 택시 타고 가자.

분석　医院 yīyuàn 명 병원 | 离 lí 전 ~에서부터 | 出租车 chūzūchē 명 택시

'离(~에서부터)'는 기준점에서부터의 거리를 알려주는 전치사로 뒤에 주로 '멀다, 가깝다'와 같이 거리와 관련된 표현이 따라 나온다. 따라서 '远(멀다)'이 답이다.

문제 5

今天是（ ^{qíng} ）天，没有云。	오늘은 맑은 날이다. 구름이 없다.

분석 晴天 qíngtiān 冏 맑은 날씨 | 云 yún 冏 구름

해설 문장 뒷부분에 '云(구름)'과 빈칸 뒤에 '天(날, 하루)'을 통해 날씨 관련 표현 중에서 'qíng'이라는 발음을 가진 단어를 떠올려본다. 따라서 정답은 '晴(맑다)'이다.

유형별 전략 03 실전 문제 정답 ▶p.261

1. 发　　**2.** 发　　**3.** 长　　**4.** 长　　**5.** 长

문제 1

你的头（ ^{fa} ）太长了，像草一样。	너 머리카락이 너무 길어. 마치 풀 같아.

분석 像 xiàng 동 닮다 | 草 cǎo 명 풀

해설 빈칸 앞에 '头'가 있고 발음이 경성 'fa'인 점과 빈칸 뒤에 '太长(너무 길다)'이라는 내용을 통해 답은 '发'이다. '发'는 원래 1성이지만 '头'와 함께 '头发(머리카락)'라는 단어로 쓰일 때는 경성이 된다.

문제 2

不用担心，就是感冒（ ^{fā} ）烧很快就会好的。	걱정하지 마. 단지 감기에 걸려서 열이 나는 거야. 곧 좋아질 거야.

분석 担心 dānxīn 동 걱정하다 | 感冒 gǎnmào 동 감기에 걸리다

해설 빈칸 앞에는 '感冒(감기에 걸리다)'라는 단어가 있고, 뒤쪽에는 '烧(열)'라는 단어가 있다. 이를 통해 답이 '发'인 것을 알 수 있다. '发'는 '발생하다'는 뜻으로 '烧'와 함께 '发烧'라고 쓰이면 '열이 나다'라는 뜻이다.

문제 3

下个月有篮球比赛，所以他每天花很（ ^{cháng} ）时间练习。	다음 달에 농구 경기가 있다. 그래서 그는 매일 긴 시간을 연습하는 데 소비한다.

분석 篮球 lánqiú 명 농구 | 比赛 bǐsài 명 시합, 경기 | 时间 shíjiān 명 시간 | 练习 liànxí 동 연습하다

해설 빈칸 앞에 '很'이라는 정도부사가 있기 때문에 빈칸에는 형용사가 들어갈 것이라고 유추할 수 있다. 또한, 빈칸 앞뒤 해석을 통해 '경기를 위해 긴 시간을 소비한다'는 내용이 적합하므로 답은 '长'이다.

문제 4

他（ ^{zhǎng} ）得真像他妈妈。	그는 생긴 것이 그의 엄마와 정말 닮았다.

| 분석 | 长 zhǎng 동 자라다, 생기다 | 真 zhēn 부 정말, 진짜 |

| 해설 | 빈칸 뒤에 '得'가 있기 때문에 빈칸에는 술어 성분이 필요하다. '得'는 술어 뒤에 쓰여 보어와의 수식 관계를 만들어주는 역할을 한다. 뒤쪽에 엄마와 정말 닮았다는 내용을 통해 답은 '长(자라다, 생기다)'임을 알 수 있다. 이처럼 '长'은 동사로 쓰일 때는 'zhǎng', '길다, 오래다'라는 뜻의 형용사로 쓰일 때는 'cháng'으로 발음이 달라지기 때문에 주의해야 한다. |

문제 5

我们学校的校（ zhǎng ）很年轻。	우리 학교의 교장선생님은 젊다.

| 분석 | 学校 xuéxiào 명 학교 | 年轻 niánqīng 형 젊다 |

| 해설 | 빈칸 앞에 '校'가 있고 그 앞에 '的'를 통해 빈칸에는 '校'와 함께 명사 단어를 이루는 한자를 넣어야 한다. 답은 '长'으로 '校长(교장)'이라는 단어가 되면 적합하다. '长'의 발음이 변화하는 것에 주의하자. |

유형별 전략 04 실전 문제 정답 ▶p.264

1. 镜   **2.** 眼   **3.** 洗   **4.** 手   **5.** 机

문제 1

我的眼（ jìng ）用了很久了，想换个新的，周末一起去看看怎么样？	내 안경을 오랫동안 사용해서 하나 새로운 것으로 바꾸고 싶어. 주말에 같이 한번 보러 가는 것 어때?

| 분석 | 用 yòng 동 사용하다 | 久 jiǔ 형 오랫동안 | 换 huàn 동 바꾸다 | 新 xīn 형 새롭다 | 周末 zhōumò 명 주말 |

| 해설 | 빈칸 앞에 '眼'과 뒤쪽에 무언가를 오랫동안 사용했다는 내용과 병음을 통해 답을 유추해보면 '镜'이 가장 적합하다. '眼镜'은 '안경'이란 뜻으로 '眼'을 통해 눈과 관련된 단어라는 것을 추측할 수 있다. |

문제 2

最近我的（ yǎn ）睛一直很疼。	요즘 내 눈이 계속 아파.

| 분석 | 最近 zuìjìn 명 요즘, 최근 | 一直 yìzhí 부 줄곧, 계속 | 疼 téng 형 아프다 |

| 해설 | 빈칸 뒤에는 '睛'이 있고 앞에는 '的'가 있기 때문에 빈칸은 명사 단어가 필요하다. 아픔을 느끼기도 하고 '睛'과 같이 쓰이는 단어는 바로 '眼'이다. '眼睛'은 신체 부위 중 '눈'이다. |

문제 3

快去（ xǐ ）澡、刷牙，准备去上学。	빨리 가서 샤워하고, 이 닦고 등교할 준비해.

| 분석 | 刷牙 shuāyá 동 이를 닦다 | 准备 zhǔnbèi 동 준비하다 | 上学 shàngxué 동 등교하다 |

| 해설 | 빈칸 뒤에 '澡'와 '刷牙'를 보고 씻는 것과 관련이 있다는 것을 알 수 있다. 답은 '洗'로 '씻다'라는 뜻을 나타내며, '澡'와 같이 쓰여 '洗澡'는 '샤워하다'라는 의미이다. |

문제 4

我们这儿洗（　shǒu　）间的灯坏了。	우리 여기 화장실 불이 고장 났어요.

분석　灯 dēng 명 등, 불 | 坏 huài 동 고장 나다

해설　빈칸 앞에 '洗'와 뒤에 '间'을 통해서 답은 '手'라는 것을 알 수 있다. '洗手间'은 정확하게 해석하면 손 씻는 공간이라는 뜻으로 '화장실'을 의미한다.

문제 5

把脏衣服放到洗衣（　jī　）里吧。	더러운 옷을 세탁기 안에 넣어라.

분석　脏 zāng 형 더럽다 | 放 fàng 동 놓다

해설　빈칸 앞에 '洗衣(옷을 빨다)'가 있는데 더러운 옷을 어떤 곳에 놓으라고 한 것과 빈칸의 병음을 보아 빈칸에는 '机'를 써야 한다. '机'는 '기계'라는 의미로 '洗衣'와 함께 '洗衣机'라고 쓰이면 '세탁기'라는 뜻을 갖는다.

TIP　[把 + 대상] + 술어 + 到 + 장소: (대상)을 (장소)에 ~하다

부분별 전략 01 실전 문제 정답　　　▶p.267

1. 化	2. 已	3. 日	4. 体	5. 篮
6. 做	7. 只	8. 花	9. 角	10. 雪

문제 1

我来中国，除了学习汉语，还希望了解更多的中国文（　huà　）。	나는 중국에 와서 중국어를 공부하는 것 외에 더 많은 중국 문화를 이해하기를 희망한다.

분석　除了 chúle 전 ~을 제외하고 | 希望 xīwàng 동 희망하다 | 了解 liǎojiě 동 알다, 이해하다 | 文化 wénhuà 명 문화

해설　빈칸 앞 단어 '文'을 통해 빈칸에는 '문화'라는 단어를 만들어주기 위해 '化'를 써야 한다. '中国文化(중국 문화)'라는 조합으로 자주 등장하므로 기억해두자.

문제 2

这个城市（　yǐ　）经有一千多年的历史了，很有名。	이 도시는 이미 천년 정도의 역사를 가지고 있고, 아주 유명해.

분석　城市 chéngshì 명 도시 | 已经 yǐjīng 부 이미

해설　빈칸 뒤쪽을 보면 술어 '有(있다)'가 있으며, 빈칸 바로 뒤에는 '经'이 있는 것으로 보아 '이미'라는 뜻을 가진 부사를 만들어야 한다. 따라서 빈칸에 '已'를 넣어서 '已经(이미)'이라는 단어를 만들면 된다. 비슷한 한자인 '己 jǐ'와 헷갈리지 않게 답을 적을 때 세 번째 획을 위로 확실하게 더 올려야 한다.

문제 3

春节是中国最重要的一个节（　rì　）。	춘절은 중국의 가장 중요한 명절 중 하나이다.

重要 zhòngyào 형 중요하다 | **节日** jiérì 명 명절, 기념일

앞쪽에 '节'와 전체적인 내용을 통해 '节日(명절, 기념일)'라는 단어가 필요하다는 것을 알 수 있다. 따라서 빈칸에는 '日'가 들어가야 적절하다. 참고로 앞에 나온 '春节 Chūn Jié'는 중국의 명절로, 비슷한 단어인 '春季 chūnji(봄)'와 구분해서 기억해두자.

문제 4

工作太忙也要注意身（ ᵗⁱ ），要知道健康是最重要的。	일이 너무 바빠도 건강에 주의해야 한다. 건강이 가장 중요하다는 것을 알아야 한다.

工作 gōngzuò 명 일 | **注意** zhùyì 동 주의하다 | **身体** shēntǐ 명 신체, 몸 | **健康** jiànkāng 명 건강

빈칸 앞에 있는 단어 '身'과 그 앞의 동사 '注意(주의하다)'를 통해 빈칸에는 '体'가 들어가야 한다는 것을 알 수 있다. '注意身体'는 몸 조심하라는 표현으로 자주 쓰이는 말이니 꼭 알아두자!

문제 5

只有多练习，才能提高你的（ lán ）球水平。	연습을 많이 해야지만, 비로소 너의 농구 실력을 향상시킬 수 있다.

练习 liànxí 동 연습하다 | **提高** tígāo 동 향상시키다 | **篮球** lánqiú 명 농구 | **水平** shuǐpíng 명 수준

'多练习(많이 연습하다)'와 빈칸 뒤에 나온 '球'라는 내용을 통해 '篮球(농구)'라는 단어를 만들면 된다. 따라서 빈칸에 들어갈 한자로 '篮'이 적합하다.

TIP 只有 A, 才 B zhǐyǒu A, cái B A 해야만 비로소 B하다

문제 6

今天的作业很简单，我一会儿就（ zuò ）完了。	오늘 숙제는 매우 간단하다. 나는 곧 다 한다.

作业 zuòyè 명 숙제 | **简单** jiǎndān 형 간단하다

부사 '就' 뒤와 결과보어 '完' 앞이 빈칸이기 때문에 이 자리에는 동사술어가 필요하다. 동사 중 'zuò'라는 발음을 가진 단어 중 숙제와 관련된 동사는 '做'이다.

문제 7

他不喜欢狗，也不喜欢猫，但他家有 3（ zhī ）小鸟。	그는 개를 좋아하지 않고, 고양이도 좋아하지 않는다. 그러나 그의 집에서는 세 마리의 작은 새가 있다.

狗 gǒu 명 개 | **猫** māo 명 고양이 | **鸟** niǎo 명 새

빈칸 앞에는 숫자 3이 나왔고 빈칸 뒤에는 '小鸟(작은 새)', 즉, 동물이 있기 때문에 빈칸에는 동물을 셀 때 쓰는 양사인 '只'를 써야 한다. 참고로 '只'가 '단지, 오직'이라는 부사로 쓰일 때는 'zhǐ'이라고 발음되니 주의하도록 하자.

문제 8

今天我一共（ huā ）了20多块钱。	오늘 나는 총 20위안 정도를 썼다.

一共 yígòng 부 총, 합계 | **花** huā 동 쓰다, 소비하다

문장 안에 술어 역할을 하는 단어가 없고, 빈칸 뒤에 '了'가 있기 때문에 빈칸에는 동사가 필요하다는 것을 알 수 있다. 또한, 목적어 자리에는 '钱(돈)'이 있기 때문에 이와 관련이 있으면서 'huā'라는 발음을 가진 동사 '花(쓰다, 소비하다)'가 빈칸에 들어간다.

| 你带钱了吗? 我还差3 (jiǎo) 5分。 | 너 돈 가져왔어? 나 0.35위안이 모자라. |

분석 带 dài 동 지니다. 휴대하다 | 差 chà 동 모자라다. 부족하다

해설 '钱(돈)'이 앞에 나왔고, 화폐 단위인 '分(펀, 元의 1/100)'을 통해 빈칸에는 '分'보다 한 단위 큰 화폐 단위인 '角(지아오, 元의 1/10)'를 써야 한다.

문제 **10**

| 外面下 (xuě) 了，你让孩子路上小心点儿。 | 바깥에 눈이 내렸어. 너 아이에게 길 위에서 조심하라고 해. |

분석 外面 wàimian 명 바깥 | 下雪 xiàxuě 동 눈이 내리다 | 小心 xiǎoxīn 동 조심하다

해설 빈칸 앞에 동사 '下(내리다)'와 뒤에 길 위를 조심하라는 내용을 통해 빈칸에는 '雪(눈)'를 써야 한다.

부분별 전략 02 **실전 문제 정답**	▶p.271

| **1.** 西 | **2.** 字 | **3.** 事 | **4.** 中 | **5.** 子 |
| **6.** 间 | **7.** 眼 | **8.** 快 | **9.** 电 | **10.** 梯 |

문제 **1**

| 看地图，很容易，上北，下南，左 (xī)，右东，明白了吗? | 지도를 보는 것은 아주 쉬워. 위는 북, 아래는 남, 왼쪽은 서, 오른쪽은 동. 이해했어? |

분석 地图 dìtú 명 지도 | 容易 róngyì 형 쉽다 | 明白 míngbai 동 알다, 이해하다

해설 빈칸 앞뒤에 '北(북)', '南(남)', '东(동)'이라는 방위사가 나열되어 있기 때문에, 이를 통해 빈칸에 들어갈 알맞은 답은 '西(서쪽)'라는 것을 알 수 있다.

문제 **2**

| 如果没有其他问题，请在这儿写你的名 (zi)。 | 만약 다른 문제가 없다면, 여기에 당신의 이름을 써주세요. |

분석 如果 rúguǒ 접 만약에 | 其他 qítā 대 기타, 다른 | 问题 wèntí 명 문제 | 名字 míngzi 명 이름

해설 빈칸 앞에 '名'과 병음 'zi'를 보고 빈칸에는 가장 적절한 답은 '名字(이름)'의 '字'이다.

문제 **3**

| 他以前没遇到过这样的 (shì) 情，所以也没想出来好办法。 | 그는 이전에 이러한 일을 마주친 적이 없다. 그래서 좋은 방법을 생각해낼 수도 없었다. |

분석 以前 yǐqián 명 이전 | 遇到 yùdào 동 마주치다 | 事情 shìqing 명 일 | 办法 bànfǎ 명 방법

빈칸 뒤의 한자 '情'과 앞부분에 동사 '遇到(마주치다)'를 통해 빈칸에는 '事(일, 사정)'가 정답이다.

TIP 遇到事情 yùdào shìqing 문제(일)를 마주치다

문제 4

北京西站是（ ^{zhōng} ）国最大的火车站。	베이징 서역은 중국의 가장 큰 기차역이다.

분석 最 zuì 〔부〕 가장, 최고 | 火车站 huǒchēzhàn 〔명〕 기차역

해설 '北京(베이징)'과 빈칸 뒤의 '国'를 보고 정답은 '中国(중국)'의 '中'이라는 것을 알 수 있다.

문제 5

不是右边，我说的是左边的那个帽（ ^{zi} ）。	내가 말한 것은 오른쪽이 아니라 왼쪽의 저 모자야.

분석 右边 yòubian 〔명〕 오른쪽 | 左边 zuǒbian 〔명〕 왼쪽 | 帽子 màozi 〔명〕 모자

해설 빈칸 앞에 '帽'와 병음 'zi'를 보고 빈칸에는 '帽子(모자)'의 '子'가 정답이다.

문제 6

老师，黑板中（ ^{jiān} ）的这个词是什么意思?	선생님, 칠판 중간의 저 단어는 무슨 뜻이에요?

분석 黑板 hēibǎn 〔명〕 칠판 | 中间 zhōngjiān 〔명〕 가운데 | 词 cí 〔명〕 단어

해설 빈칸 앞의 단어 '中'과 전체적인 내용을 통해 단어의 위치를 설명하고 있음을 알 수 있다. 따라서 빈칸에는 '中间(중간)'의 '间'이 들어가야 적절하다.

문제 7

就在这条街的西边，有个（ ^{yǎn} ）镜店。	바로 이 길의 서쪽에 안경점이 있다.

분석 街 jiē 〔명〕 거리 | 眼镜店 yǎnjìngdiàn 〔명〕 안경점

해설 빈칸 뒤에 '镜'과 병음 힌트를 통해 빈칸에는 '眼镜(안경)'이라는 단어를 만들어주기 위해 '眼'을 써야 한다.

문제 8

祝你节日（ ^{kuài} ）乐!	명절 즐겁게 보내!

분석 祝 zhù 〔동〕 축하하다, 축복하다 | 节日 jiérì 〔명〕 명절, 기념일 | 快乐 kuàilè 〔형〕 기쁘다, 유쾌하다

해설 '명절 즐겁게 보내'는 중국어로 '祝你节日快乐'이다. 따라서 답은 '快'이다.

문제 9

我的（ ^{diàn} ）脑还是有问题。	내 컴퓨터는 아무래도 문제가 있다.

분석 电脑 diànnǎo 〔명〕 컴퓨터 | 问题 wèntí 〔명〕 문제

해설 빈칸 뒤에는 '脑'이고 'diàn'이라는 발음을 가지면서 '脑'와 같이 쓰일 수 있는 단어는 '电'이다.

电 (^{tī}) 坏了，我们走上去吧。	엘리베이터가 고장 났다. 우리 걸어 올라가자.

분석 　电梯 diàntī 冏 엘리베이터 | 坏 huài 동 고장 나다

해설 　빈칸 앞에는 '电'이 있고, 뒷부분에 '고장 났으니 걸어 올라가자'라는 내용을 통해 빈칸에는 '电梯(엘리베이터)'의 '梯'가 와야 적합하다.

쓰기 | Final 전략 & Test

Final 실전 문제 정답　　　　　　　　　　　　　　　　　　▶p.277

1. 我们先看看菜单。우리는 먼저 메뉴를 좀 볼게요.

2. 这次出现的问题跟上次相同。이번에 출제된 문제는 지난번과 같다.

3. 那个孩子看书看得非常快。그 아이는 책을 매우 빨리 읽는다.

4. 弟弟不喜欢用铅笔写字。남동생은 연필을 사용해서 글씨 쓰는 것을 좋아하지 않는다.

5. 妈妈不让我看电视。엄마는 내가 TV를 보지 못하게 한다.

6. 这本书被他借走了。이 책은 그에 의해 빌려가졌다.

7. 飞机马上就要起飞了。비행기가 곧 이륙할 것이다.

8. 我已经把电脑放在房间里了。나는 이미 컴퓨터를 방 안에 놓았다.

9. 我们这儿的风景太美了。우리 이곳의 풍경은 매우 아름답다.

10. 我打算去上海旅游。나는 상하이로 여행을 갈 계획이다.

11. 要	**12.** 快	**13.** 开	**14.** 从	**15.** 觉
16. 打	**17.** 长	**18.** 儿	**19.** 季	**20.** 太

문제 1

菜单　　先　　我们　　看看

단어 　菜单 càidān 冏 메뉴 | 先 xiān 囝 먼저

해설 　술어가 될 수 있는 단어는 동사 '看(보다)'의 중첩인 '看看(좀 보다)'이며, 보는 동작을 하는 주어가 될 수 있는 단어는 대명사 '我们(우리)', 보여지는 대상인 목적어는 나머지 명사 '菜单(메뉴)'이다. '先(먼저)'은 부사로 술어 앞에 배열하여 문장을 완성한다.

문제 2

这次　　相同　　跟　　上次　　问题　　出现的

단어 　相同 xiāngtóng 혱 서로 같다 | 跟 gēn 전 ~와/과 | 次 cì 冏 번 | 问题 wèntí 冏 문제 | 出现 chūxiàn 동 나타나다, 출현하다

해설 술어가 될 수 있는 단어는 형용사 '相同(서로 같다)'이며, 형용사 뒤에는 목적어가 올 수 없으므로 나머지 단어들을 앞쪽에 배열해야한다. '出现的(출현한)' 뒤에는 꾸밈을 받을 명사 '问题(문제)'가 오고 '跟(~와/과)'은 전치사로 혼자 쓸 수 없기에 뒤에 시간명사 '上次(지난번)'를 붙여 술어 앞으로 데려간다. 해석상 '이번에 출현한 문제는 지난번과 같다'라고 되어야 자연스럽기 때문에 주어 자리에는'这次出现的问题(이번에 출제된 문제)'를 써야 한다.

문제 3

| 孩子 | 看得 | 那个 | 书 | 非常快 | 看 |

단어 孩子 háizi 명 아이 | 非常 fēicháng 부 매우 | 快 kuài 형 빠르다

해설 동사 뒤에 '得'를 통해 정도보어 문장을 만들어야 한다는 것을 알 수 있으며, '得' 앞에 나온 '看'이 술어라는 것을 알 수 있다. '지시대명사 + 양사' 형태인 '那个' 뒤에는 명사 '孩子'를 붙여 주어 자리에 배열한다. 정도보어 문장에서 목적어는 술어 바로 뒤에 위치하고,그 뒤에 술어를 다시 한 번 반복하므로 '看书看得'를 차례대로 배열한다. 마지막으로 문장 끝에는 정도보어 '非常快'를 놓아 문장을완성한다.

TIP 주어 + (술어) + 목적어 + 술어 + 得 + 정도보어

문제 4

| 铅笔 | 弟弟 | 写字 | 不喜欢 | 用 |

단어 铅笔 qiānbǐ 명 연필 | 用 yòng 동 사용하다

해설 동사가 여러 개 배열된 것을 보고 먼저 관련 있는 동사와 목적어를 알맞게 짝지어야 한다. '写字(글씨를 쓰다)'는 이미 동사와 목적어로이루어져 있다. '用(사용하다)'은 '铅笔(연필)'와 연결해 준다. 연필을 사용해서 글씨를 쓰는 것이 흐름에 맞기 때문에, 먼저 일어나는 동작 '用铅笔', 그 다음 동작 '写字' 순으로 배열한다. 주어는 '弟弟(남동생)'이고 주어 뒤 술어 자리에는 '不喜欢(좋아하지 않다)'으로남동생은 이러한 동작 전체를 싫어한다는 의미를 나타낸다.

문제 5

| 不 | 电视 | 让我 | 看 | 妈妈 |

단어 电视 diànshì 명 텔레비전 | 让 ràng 동 ~하게 하다

해설 '让'을 보고 겸어문을 떠올려야 한다. 동작을 하게 하는 첫 번째 주어는 '妈妈(엄마)'이고 '让我(나로 하여금)' 뒤에는 '我(나)'가 하는동작 '看电视(텔레비전을 보다)'를 쓴다. '不'는 '부정부사'로 겸어문에서 부사와 조동사는 첫 번째 술어 앞에 들어가기 때문에 '让' 앞에 배열한다.

TIP 주어 + 让 + 겸어(목적어1/주어2) + 술어2 + 목적어2: (주어)가 (겸어)로 하여금 ~하게 하다

문제 6

| 他 | 走了 | 这本书 | 被 | 借 |

단어 被 bèi 전 ~을 당하다 | 借 jiè 동 빌리다, 빌려주다

해설 '被'가 들어간 문장은 어떤 행위를 당함을 강조하는 문장으로 행위를 당하는 대상이 주어 자리에, 행위를 가하는 대상은 '被' 뒤에 붙어서 쓰인다. 그가 책에게 어떤 행위를 당할 수 없으므로 주어 자리에는 '这本书(이 책)'가 와야 한다. '책이 빌려가졌다'라는 의미로 술어는 '借(빌리다)', 술어 뒤 기타성분 자리에는 '走了(갔다)'가 온다. '被'는 전치사로, 행위를 가하는 대상인 '他(그)'와 같이 전치사구를이뤄 술어 '借' 앞에 배열한다.

TIP 행위를 당하는 대상 + [被 + 행위를 가하는 대상] + 술어 + 기타성분

马上　　起飞了　　就要　　飞机

단어　马上 mǎshàng 튄 곧, 즉시 | 起飞 qǐfēi 툉 이륙하다

해설　'起飞(이륙하다)' 뒤에 '了'가 붙어있다고 무조건 동작이 완료되었다고 생각해서는 안 된다. 배열된 단어를 보면 '就要'가 있기 때문에 임박태라는 것을 알 수 있어야 한다. '就要⋯了'는 임박태로 동작의 발생이 머지않았음을 알려준다. 주어는 '飞机(비행기)', '马上'은 '곧, 즉시'라는 뜻의 부사로, 임박태 앞에 자주 쓰여 '곧 동작이 발생한다'라는 의미를 더욱 강조한다.

把电脑　　房间里了　　已经　　放在　　我

단어　电脑 diànnǎo 뎽 컴퓨터 | 房间 fángjiān 뎽 방 | 已经 yǐjīng 튄 이미 | 放 fàng 툉 놓다

해설　'把'를 보고 처치를 나타내는 문장인 '把'자문을 만들어야 함을 알 수 있다. 우선 술어 '放(놓다)' 뒤에는 '在(~에)'가 붙어 있으므로 그 뒤에 장소 명사 '房间里了(방 안)'를 쓴다. 주어는 '我(나)'이며 '把'는 전치사로 목적어 '电脑(컴퓨터)'와 전치사구를 이뤄 술어 앞에 온다. 부사 '已经(이미)'은 전치사구 앞에 위치해야 한다.

TIP　주어 + [把 + 목적어] + 술어 + 在 + 장소

风景　　美了　　我们这儿的　　太

단어　风景 fēngjǐng 뎽 풍경 | 美 měi 톙 아름답다

해설　술어는 '美(아름답다)'로 형용사술어이다. 따라서 앞에는 '太(매우)'라는 정도부사가 와야 하며, 형용사는 목적어를 동반할 수 없기 때문에 나머지 명사들을 알맞게 주어 자리에 배치한다. '我们这儿的(우리 이곳의)' 뒤에는 명사가 와야 하므로 '风景(풍경)'을 붙여 주어 자리에 놓으면 된다.

TIP　太⋯了 tài⋯le 매우 ~하다

打算　　旅游　　去　　我　　上海

단어　打算 dǎsuàn 툉 ~할 계획이다 | 旅游 lǚyóu 툉 여행하다

해설　술어가 될 수 있는 단어가 여러 개 있다. 동사 '打算'은 '~할 계획이다'라는 의미를 갖는데, 주로 동사 또는 동사구 등이 목적어 자리에 온다. 즉, 무엇을 하기를 계획하는지 그 의미에 따라 배열하면 된다. 먼저 상하이에 가야 여행을 할 수 있기 때문에 순서에 따라 '去上海旅游(상하이에 가서 여행하다)'라고 배열하고 이것을 술어 '打算'의 뒤 목적어 자리에 놓으면 된다.

他是我最好的朋友，总是在我最需（　　yào　　）帮助的时候出现。

그는 나의 가장 좋은 친구이다. 항상 내가 가장 도움이 필요할 때 나타난다.

단어　总是 zǒngshì 튄 항상 | 最 zuì 튄 가장 | 帮助 bāngzhù 툉 돕다 | 出现 chūxiàn 툉 출현하다, 나타나다

해설　빈칸 앞에 나온 '需'와 빈칸 뒤에 '帮助(도움)'를 통해 도움이 '需要(필요하다)'라는 뜻으로 빈칸에는 '要'를 써야 한다.

祝你生日（ ^kuài ）乐！	생일 축하해!

단어   祝 zhù 동 기원하다, 축하하다 | 生日 shēngrì 명 생일

해설   익숙한 문장이 한눈에 들어와서 바로 '생일 축하해'라는 문장이 되도록 빈칸을 채워야 한다는 것을 알 수 있다. 정확히는 '너의 생일이 기쁘기를 바란다'라는 뜻으로, 빈칸 뒤에는 '乐'가 있으므로 빈칸에는 '快'가 필요하다.

在哥哥的影响下，弟弟也（ ^kāi ）始喜欢踢足球了。	형의 영향으로 남동생도 축구하는 것을 좋아하기 시작했다.

단어   影响 yǐngxiǎng 동 영향을 미치다 | 踢 tī 동 차다 | 足球 zúqiú 명 축구

해설   빈칸 뒤에 '始'와 병음 'kāi'를 보고 바로 '开'가 답이라는 것을 알 수 있다. '开始'는 '시작하다'라는 의미로 '형의 영향으로 남동생도 축구를 좋아하기 시작했다'라는 문장을 만들어준다. 빈칸 앞뒤를 보고 바로 단어를 알 수 있는 경우가 많지만 방심하지 말고 전체적인 내용을 파악해서 그 단어가 확실한지 확인하는 것도 잊지 말자.

（ ^cóng ）昨天晚上开始，外面一直在下雨。	어제 저녁부터 시작해서 밖에 계속 비가 내리고 있다.

단어   开始 kāishǐ 동 시작하다 | 外面 wàimiàn 명 바깥 | 一直 yìzhí 부 계속 | 下雨 xiàyǔ 동 비가 오다

해설   빈칸 뒤에는 시간명사와 동사 '开始(시작하다)'가 있기 때문에 빈칸에는 언제부터 시작했는지 나타내주는 전치사 '从(~에서부터)'을 써야 한다.

TIP   从 + 시간 + 开始: ~부터 시작해서 [시간의 기점을 나타냄]

我（ ^jué ）得这件事情很奇怪。	내가 생각하기엔 이 일은 이상해.

단어   事情 shìqing 명 일, 사건 | 奇怪 qíguài 형 이상하다

해설   빈칸 뒤의 '得'와 병음 'jué'와 전체적인 내용 파악을 통해 답은 '觉'이다. '觉得'는 '~라고 생각하다'라는 뜻이다.

我最近总是腿疼，我（ ^dǎ ）算下午去医院检查一下。	나 요즘 계속 다리가 아파서 나는 오후에 병원에 가서 검사를 한번 받을 계획이야.

단어   最近 zuìjìn 명 요즘, 최근 | 腿 tuǐ 명 다리 | 疼 téng 형 아프다 | 医院 yīyuàn 명 병원 | 检查 jiǎnchá 동 검사하다, 검토하다

해설   '算'과 앞에 붙어 단어를 이룰 수 있는 'dǎ' 발음의 한자는 '打'이다. '打算'은 '~할 계획이다'라는 뜻으로 목적어 자리에는 주로 명사가 혼자 쓰일 수 없어 동사, 동사구, 또는 절 등이 온다.

校（ ^zhǎng ）每天骑自行车去上班。	교장선생님은 매일 자전거를 타고 출근하러 가신다.

단어   每天 měitiān 명 매일 | 骑 qí 동 타다 | 自行车 zìxíngchē 명 자전거

주어 자리가 빈칸으로 나와 있고 앞에는 '校'가 있기 때문에 답은 '长'이다. '校长'은 '교장'이라는 뜻이다. '长'은 단어 또는 품사에 따라 발음이 변화하므로 문장에 '长'이 있다면 어떤 품사인지 어떤 뜻으로 쓰였는지 확인해야 한다.

문제 18

我（ ^{ér} ）子不喜欢学习历史，他喜欢数学。	내 아들은 역사 공부하는 것을 좋아하지 않고, 수학을 좋아한다.

단어 历史 lìshǐ 명 역사 | 数学 shùxué 명 수학

해설 'ér' 발음을 가진 한자 중 '子'와 붙어 단어를 만들 수 있는 것은 '儿' 밖에 없다. '儿子'는 '아들'이라는 뜻으로 이 문장에서 주어 역할을 한다.

문제 19

这个（ ^{jì} ）节的苹果最好吃。	이 계절의 사과가 가장 맛있다.

단어 苹果 píngguǒ 명 사과

해설 빈칸 앞은 '지시대명사 + 양사' 형태이므로 이를 통해 빈칸에 들어갈 단어가 명사라는 것을 알 수 있다. 병음 'jì'와 빈칸 뒤에 '节'가 있다는 점을 통해 빈칸에는 '季'가 들어가야 적합하다. '季节'는 계절이다.

문제 20

爷爷，是不是（ ^{tài} ）阳下山了，月亮就出来了。	할아버지, 태양이 산을 내려갔어요. 달이 곧 나올 거예요.

단어 爷爷 yéye 명 할아버지 | 月亮 yuèliang 명 달

해설 '下山(산을 내려가다)'을 하는 주어 자리가 빈칸이다. 그런데 쉼표 뒤를 보면 달이 나올 것이라고 했으므로 이를 통해 해가 지고 달이 뜨는 것을 의미한다는 것을 알 수 있다. 따라서 빈칸은 '太阳(태양)'의 '太'가 들어가야 한다.

听力

第一部分

1. B **2.** F **3.** A **4.** C **5.** E **6.** D **7.** B **8.** E **9.** C **10.** A

第二部分

11. X **12.** ✓ **13.** X **14.** X **15.** ✓ **16.** X **17.** ✓ **18.** ✓ **19.** ✓ **20.** X

第三部分

21. C **22.** B **23.** C **24.** A **25.** A **26.** C **27.** A **28.** C **29.** B **30.** B

第四部分

31. B **32.** A **33.** C **34.** B **35.** A **36.** C **37.** C **38.** A **39.** A **40.** B

阅读

第一部分

41. C **42.** D **43.** A **44.** B **45.** F **46.** E **47.** D **48.** B **49.** C **50.** A

第二部分

51. F **52.** A **53.** B **54.** C **55.** D **56.** B **57.** F **58.** A **59.** E **60.** C

第三部分

61. C **62.** B **63.** A **64.** C **65.** C **66.** A **67.** B **68.** A **69.** B **70.** C

书写

第一部分

71. 我们班的学生很努力学习。우리 반 학생들은 열심히 공부한다.

72. 今天终于出太阳了。오늘 드디어 태양이 나왔다(떴다).

73. 那个城市的环境变得越来越好了。그 도시의 환경은 점점 더 좋게 변했다.

74. 桌子上放着四本书。책상 위에 네 권의 책이 놓여 있다.

75. 你丈夫的眼睛怎么了? 네 남편의 눈이 왜 그래?

第二部分

76. 号 **77.** 会 **78.** 月 **79.** 告 **80.** 知

문제 1-5 ▶

A   B   C

D   E   F

문제 1

男: 没见你穿过这条裙子，新买的? 女: 不是买的，这是姐姐送我的生日礼物，好看吗?	남: 네가 이 치마를 입은 것은 본 적이 없는데, 새로 산 거야? 여: 산 게 아니고 이건 언니가 내 생일에 준 선물이야. 예뻐?

단어 穿 chuān 동 입다 | 裙子 qúnzi 명 치마 | 姐姐 jiějie 명 누나, 언니 | 送 sòng 동 보내다, 주다 | 生日 shēngrì 명 생일 | 礼物 lǐwù 명 선물

해설 남자가 여자에게 '没见你穿过这条裙子(네가 이 치마를 입은 것은 본 적이 없다)'라는 내용을 통해 여자가 치마를 입고 있는 사진인 **B**가 정답이다. '条'는 주로 가늘고 긴 것을 셀 때 쓰이는 양사로 옷 중에서는 바지, 치마를 셀 때 쓰인다.

문제 2

男: 小姐，这么长。你看可以吗? 女: 再短一些吧。夏天到了，头发还是短一点儿好。	남: 아가씨, 이만큼이나 길어요. 보기에 괜찮나요? 여: 조금 더 짧게요. 여름이 되었으니 머리카락이 그래도 조금 짧은 것이 좋아요.

단어 小姐 xiǎojiě 명 아가씨 | 长 cháng 형 길다 | 再 zài 부 다시, 더 | 短 duǎn 형 짧다 | 夏天 xiàtiān 명 여름 | 头发 tóufa 명 머리카락

해설 '长(길다)', '短(짧다)'이라는 단어들이 들리고 여자가 여름이 되었으니 '头发还是短一点儿好(머리카락이 그래도 조금 짧은 것이 좋아요)'라고 이야기하는 것을 통해 미용실에서 하는 대화라는 것을 알 수 있다. 따라서 정답은 **F**이다.

문제 3

女: 面条儿做好了，你给妹妹打电话吧，让她来一起吃。 男: 我正在打呢，但没有人接。	여: 국수 다 만들었어. 너 여동생에게 전화해서 그녀에게 와서 같이 먹자고 해. 남: 나 지금 걸고 있는데, 아무도 받지 않아.

단어 面条 miàntiáo 명 면, 국수 | 打电话 dǎ diànhuà 동 전화를 걸다 | 让 ràng 동 ~하게 하다, 시키다 | 正在 zhèngzài 부 ~하는 중이다 | 接 jiē 동 받다, 연결하다

해설 대화의 시작 부분을 보면 여자가 '面条儿做好了(국수 다 만들었어)'라고 말하며, 여동생한테 전화를 걸도록 남자에게 시킨다. 따라서 답은 국수 사진인 **A**이다.

문제 4

女: 我把需要注意的问题，都写在电子邮件里了。 男: 好的，我现在就看。	여: 내가 주의가 필요한 문제를 모두 이메일에 적었어. 남: 알겠어, 내가 지금 볼게.

| 단어 | 需要 xūyào 동 필요하다 \| 注意 zhùyì 동 주의하다 \| 问题 wèntí 명 문제 \| 写 xiě 동 쓰다 \| 电子邮件 diànzǐ yóujiàn 명 전자우편, 이메일 |

| 해설 | 이 대화에서 가장 중요한 단어는 바로 '电子邮件'이다. '电子邮件'은 '전자우편', '이메일'이라는 뜻으로, 여자가 주의해야 할 문제를 모두 이메일에 썼다고 말하므로 정답은 여자가 컴퓨터를 하고 있는 사진인 **C**이다.

문제 5

| 男: 椅子上的这本词典是谁的，你知道吗？
女: 不知道，上面没写名字吗？ | 남: 의자 위의 이 사전이 누구 것인지 너 알아？
여: 몰라, 위쪽에 이름이 쓰여져 있지 않니？ |

| 단어 | 椅子 yǐzi 명 의자 \| 词典 cídiǎn 명 사전 \| 知道 zhīdào 동 알다 \| 上面 shàngmian 명 위쪽 \| 名字 míngzi 명 이름 |

| 해설 | 남자는 '这本词典(이 사전)'의 주인을 찾고 있다. 책을 세는 양사 '本(권)'이나 '词典(사전)'을 들었다면 답을 쉽게 찾을 수 있었을 것이다. 정답은 **E**이다.

문제 6-10

A    B   C

D   E

문제 6

| 女: 你爬那么高做什么？小心点儿！
男: 没关系，厨房的灯坏了，我换个新的。 | 여: 너 그렇게 높은 곳에 올라가서 뭐해？ 조심해!
남: 괜찮아, 주방의 불이 고장 나서 내가 새것으로 바꿨어. |

| 단어 | 爬 pá 동 기다, 오르다 \| 小心 xiǎoxīn 동 조심하다 \| 厨房 chúfáng 명 주방 \| 灯 dēng 명 등 \| 坏 huài 동 고장 나다 \| 换 huàn 동 바꾸다 |

| 해설 | 여자는 남자에게 높은 곳에 올라가서 무엇을 하는지 묻고 있다. '爬'는 '등산하다'라고 할 때 많이 쓰이지만, 크게는 '기다, 오르다'라는 뜻을 갖는다. 이에 남자는 '厨房的灯坏了，我换个新的(주방의 불이 고장 나서 내가 새것으로 바꿨어)'라고 말하는 것을 통해 남자가 위로 손을 뻗어 등을 바꾸고 있는 사진인 **D**가 정답이다.

문제 7

| 男: 你想把这箱子搬到哪儿？要不要我帮忙？
女: 不用，我把它放到楼下就可以。 | 남: 너 이 상자 어디로 옮기고 싶어？ 내가 도와줄까？
여: 괜찮아, 내가 그것을 건물 아래에 놓기만 하면 돼. |

| 단어 | 箱子 xiāngzi 명 상자 \| 搬 bān 동 옮기다 \| 帮忙 bāngmáng 동 돕다 \| 它 tā 대 그것 \| 放 fàng 동 놓다 \| 楼 lóu 명 건물, 층 |

| 해설 | '주어 + 把 + 목적어 + 술어 + 到/在 + 장소'는 '(주어)가 (목적어)를 (장소)에 (술어)하다'라는 뜻으로 남자가 여자에게 상자를 어디로 옮기는지 묻고 있다. 여자의 말 중에 '它'는 '사물, 동물 등을 가리킬 때 쓰는 대명사'로 여기서는 '箱子(상자)'를 가리킨다. 따라서 정답은 여자가 상자를 들고 있는 사진인 **B**이다.

| 女: 先生等等，您把照相机忘在车上了。
男: 刚才太着急了，真是谢谢你。 | 여: 손님, 기다리세요. 당신이 사진기를 차에 두고 갔어요.
남: 방금 너무 급했네요. 정말 감사합니다. |

단어 等 děng 동 기다리다 | 照相机 zhàoxiàngjī 명 사진기 | 忘 wàng 동 잊다 | 刚才 gāngcái 명 방금 | 着急 zháojí 형 급하다, 서두르다

해설 문제 7번과 마찬가지로 '주어 + 把 + 목적어 + 술어 + 到/在 + 장소' 구조가 어떻게 해석되는지 기억해두자. 여자의 말 중 '您把照相机忘在车上了(당신이 사진기를 차에 두고 갔어요)'라는 말을 통해 여자가 차에서 누군가를 부르고 있는 사진인 **E**가 정답이다.

| 男: 你看看这段话这样写怎么样？
女: 除了这个句子意思有些不清楚外，其他都不错。 | 남: 너 봐봐, 이 단락은 이렇게 쓰는 것이 어때?
여: 이 말의 의미가 조금 불명확한 것 외에 다른 것은 모두 괜찮아. |

단어 段 duàn 양 단락, 토막 | 话 huà 명 말, 이야기 | 写 xiě 동 쓰다 | 除了 chúle ~이외에, ~을 제외하고 | 句子 jùzi 명 문장 | 意思 yìsi 명 뜻, 의미 | 清楚 qīngchu 형 명확하다, 분명하다 | 其他 qítā 대 기타, 다른

해설 전체적인 내용을 해석해서 답을 찾을 수도 있지만 가장 쉽게 찾을 수 있는 힌트는 바로 남자가 처음에 여자에게 '你看看(너 봐봐)'이라고 한 것을 통해 두 사람이 무언가를 같이 보고 있다는 것을 알 수 있다. 따라서 정답은 두 사람이 같이 노트북을 보고 있는 사진인 **C**이다.

| 女: 真为你高兴! 希望你以后能有更大的成绩。
男: 谢谢老师! 我一定会努力的。 | 여: 축하해! 네가 이후에 더 좋은 성적이 있길 바란다.
남: 감사합니다, 선생님! 저는 반드시 노력할 거예요. |

단어 希望 xīwàng 동 희망하다 | 更 gèng 부 더, 더욱 | 成绩 chéngjì 명 성적 | 一定 yídìng 부 반드시 | 会 huì 조동 ~할 것이다 | 努力 nǔlì 형 노력하다, 열심히 하다

해설 여자가 남자에게 축하를 하고 있고, 남자는 여자를 '老师(선생님)'라고 부르는 것을 통해 학교를 졸업하는 사진인 **A**가 정답이라는 것을 알 수 있다.

듣기 제2부분

| ★ 我的眼睛比姐姐大。　　　　（　　） | ★ 내 눈은 언니보다 크다. |
| 很多人都说我跟姐姐长得很像，其实我觉得，我们一点儿也不像，她的脸比我小，眼睛也比我大。 | 많은 사람들이 나와 언니가 생긴 것이 닮았다고 말하는데, 사실 내가 느끼기에 우리는 조금도 닮지 않았다. 그녀의 얼굴은 나보다 작고, 눈도 나보다 크다. |

단어 眼睛 yǎnjing 명 눈 | 比 bǐ 전 ~보다 | 长 zhǎng 동 자라다, 생기다 | 像 xiàng 동 닮다 | 其实 qíshí 부 사실 | 觉得 juéde 동 느끼다, 생각하다 | 脸 liǎn 명 얼굴

해설 비교문이 나왔을 때 주의해야 할 점은 문제와 녹음에서 등장한 술어가 같은지, 또는 비교의 대상이 알맞은 위치에 들어가 있는지 확인하는 것이다. 'A + 比 + B + 술어'는 'A가 B보다 더 ~하다'라는 뜻으로 문제를 먼저 훑어봤을 때 '我的眼睛比姐姐大(내 눈은 언니보다 크다)'라고 나와 있다. 따라서 녹음을 들을 때 누구의 눈이 크다고 하는지를 잘 들어야 한다. 녹음에서는 '(她的)眼睛也比我大(언니의 눈도 나보다 크다)'라고 했기 때문에 답은 **X**이다.

★ 那双鞋卖两千多元。　　　(　　　)	★ 그 신발은 2000위안 정도에 판다.
这双鞋很漂亮，但是太贵了，要两千多块钱，我们去别的商店看看吧。	이 신발은 예쁜데 너무 비싸. 2000위안 정도가 필요해. 우리 다른 상점에 가서 한번 보자.

단어　双 shuāng 양 쌍, 켤레 | 鞋 xié 명 신발 | 卖 mài 동 팔다 | 贵 guì 형 비싸다 | 要 yào 동 필요하다 | 商店 shāngdiàn 명 상점

해설　'要'는 동사로 '필요하다'라는 뜻이다. 이 신발을 사려면 '要两千多块钱(2000위안 정도가 필요하다)'이라고 하며 비싸다고 한다. 따라서 그 신발은 2000위안 정도에 판다는 것을 알 수 있다. 정답은 ✓이다.

★ 邻居是位老人。　　　(　　　)	★ 이웃은 한 분의 노인이다.
邻居是一位年轻的老师，他很热情，喜欢帮助别人，所以认识他的人都很喜欢他。	이웃은 젊은 선생님이다. 그는 친절하고, 다른 사람을 돕는 것을 좋아한다. 그래서 그를 아는 사람들은 모두 그를 좋아한다.

단어　邻居 línjū 명 이웃 | 位 wèi 양 분 [사람을 세는 양사, 공경의 뜻을 내포함] | 老人 lǎorén 명 노인 | 年轻 niánqīng 형 젊다 | 热情 rèqíng 형 친절하다 | 帮助 bāngzhù 동 돕다 | 别人 biéren 명 다른 사람 | 认识 rènshi 동 알다

해설　문제를 먼저 훑었을 때, 이웃이 누구인지를 주의 깊게 들어야 한다는 것을 알 수 있다. 녹음 맨 처음에 '邻居是一位年轻的老师(이웃은 젊은 선생님이다)'라고 했기 때문에 녹음에서 소개하고 있는 이웃은 노인이 아니다. 답은 ✗이다.

★ 王阿姨会打篮球。　　　(　　)	★ 왕 아주머니는 농구를 할 수 있다.
王阿姨和她先生有相同的爱好，那就是踢足球。他们是踢足球时认识的。王阿姨虽然说跑得不快，但是她的足球踢得非常好。	왕 아주머니와 그의 남편은 같은 취미를 가지고 있다. 그것은 바로 축구를 하는 것이다. 그들은 축구를 하면서 알게 되었다. 왕 아주머니는 비록 달리는 것이 빠르지 않지만 그녀는 축구를 매우 잘한다.

단어　阿姨 āyí 명 아주머니, 이모 | 会 huì 조동 ～할 수 있다 | 打篮球 dǎ lánqiú 동 농구하다 | 相同 xiāngtóng 형 서로 같다 | 踢足球 tī zúqiú 동 축구하다 | 虽然 A, 但是 B suīrán A, dànshì B 비록 A하지만 B하다

해설　왕 아주머니가 할 수 있는 것이 무엇인지, 또는 농구를 할 수 있는 주어가 왕 아주머니가 맞는지 녹음을 통해서 확인해야 한다. 주어는 '王阿姨(왕 아주머니)'로 일치하지만 아주머니가 할 수 있는 것은 '篮球(농구)'가 아닌 '足球(축구)'이므로 답은 ✗이다.

★ 考试时要带铅笔。　　　(　　)	★ 시험 볼 때는 연필을 챙겨야 한다.
除了记得带护照外，大家还要注意，考试时只能用铅笔答题，听明白了吗?	여권 챙기는 것을 기억하는 것 외에 모두들 또 주의해야 합니다. 시험 볼 때 오직 연필만 사용해서 답안을 작성할 수 있습니다. 알아들었나요?

단어　考试 kǎoshì 동 시험 보다 | 要 yào 조동 ～해야 한다 | 带 dài 동 지니다, 챙기다 | 铅笔 qiānbǐ 명 연필 | 记得 jìde 동 기억하다 | 护照 hùzhào 명 여권 | 注意 zhùyì 동 주의하다 | 只能 zhǐnéng 부 ～할 수밖에 없다 | 答题 dátí 동 문제에 답하다

해설　'只能'은 '～할 수밖에 없다'라는 의미로 시험을 볼 때는 '只能用铅笔(연필만 사용할 수 있다)'라는 내용을 통해 시험 볼 때는 '要带铅笔(연필을 챙겨야 한다)'라는 것을 알 수 있다. 따라서 정답은 ✓이다.

★ 他已经把书还了。　　　（　　　）	★ 그는 이미 책을 반납했다.
上周，我从学校图书馆借了一本书。现在已经看完了，我打算明天去把它还了。	지난주에 나는 학교 도서관에서부터 책 한 권을 빌렸다. 지금은 이미 다 봤다. 나는 내일 그것을 반납하러 갈 것이다.

단어 已经 yǐjīng 부 이미 | 还 huán 동 반납하다 | 从 cóng 전 ~에서부터 | 借 jiè 동 빌리다, 빌려주다 | 打算 dǎsuàn 동 ~할 계획이다

해설 그가 책을 어떻게 했는지 동사를 주의 깊게 들어야 한다. 문제에서는 '还了(반납했다)'라고 했지만, 녹음 마지막 부분에 '打算'은 '~할 계획이다'라는 의미로 그는 내일 책을 반납할 계획이지 아직 반납하지는 않은 상태임을 알 수 있다. 따라서 답은 X이다.

★ 他觉得那个房子真好。　　　（　　　）	★ 그는 그 집이 정말 좋다고 생각한다.
这个房子真的很不错，厨房和洗手间都很大，房子后面还有一个小花园，像你这么喜欢小动物，有个花园会很方便。	이 집은 정말 좋다. 주방과 화장실이 모두 크고, 집 뒤쪽에는 또 작은 화원이 하나 있다. 너처럼 이렇게 작은 동물을 좋아하면 화원이 있는 것은 편리할 것이다.

단어 觉得 juéde 동 느끼다, 생각하다 | 房子 fángzi 명 집 | 厨房 chúfáng 명 주방 | 洗手间 xǐshǒujiān 명 화장실 | 后面 hòumian 명 뒤쪽 | 花园 huāyuán 명 화원 | 动物 dòngwù 명 동물 | 方便 fāngbiàn 형 편리하다

해설 주어가 집에 대해 느끼는 감정이 좋은지 잘 들어야 한다. 녹음의 시작 부분에서 '这个房子真的很不错(이 집은 정말 좋다)'라고 했으므로 답은 ✓이다. '不错'는 '좋다, 괜찮다'라는 의미로, '好(좋다)'와 의미와 같다. 이처럼 동의어를 사용한 문제를 주의하도록 하자.

★ 人对人的影响很大。　　　（　　　）	★ 사람 대 사람의 영향은 크다.
人对人的影响是很大的，如果两个人是很好的朋友，他们可能很快就会有相同的爱好。	사람 대 사람의 영향은 크다. 만약 두 사람이 좋은 친구라면 그들은 아마도 빠르게 같은 취미를 가지게 될 것이다.

단어 对 duì 전 ~에 대해서 | 影响 yǐngxiǎng 동 영향을 미치다 | 如果 rúguǒ 접 만약에 | 朋友 péngyou 명 친구 | 可能 kěnéng 부 아마 | 相同 xiāngtóng 형 서로 같다 | 爱好 àihào 명 취미

해설 사람과 사람 사이에 미치는 영향이 어떠한지를 집중해서 듣는다. 녹음 가장 첫 문장에서 문제의 문장이 거의 비슷하게 등장하기 때문에 답은 쉽게 ✓라는 것을 알 수 있다.

★ 这个题很难。　　　（　　　）	★ 이 문제는 어렵다.
你看看这个题？大家以为很容易，没想到，到下课也没做出来。	너 이 문제 봤어? 모두들 쉬운 줄 알았는데, 생각지도 못하게 수업이 끝날 때까지 생각해내지 못했어.

단어 题 tí 명 문제 | 难 nán 형 어렵다 | 以为 yǐwéi 동 ~인 줄 알다 (주로 '~라고 여겼는데 아니다'라는 뜻을 내포함) | 容易 róngyì 형 쉽다 | 下课 xiàkè 동 수업이 끝나다

해설 '以为'의 정확한 뜻은 생각했던 것과 그 결과가 다를 때, 즉, '~인 줄 알다'라는 의미로 쓰인다. 모두들 그 문제가 쉬운 줄 알았지만, 수업이 끝날 때까지 풀지 못했다는 것을 통해 문제가 어렵다는 것을 알 수 있다. 따라서 답은 ✓이다. 문제에 등장한 단어 '难(어렵다)'이 그대로 나오지 않기 때문에 조금 어렵게 느껴질 수 있다. 따라서 이런 문제가 등장할 가능성이 있으므로 최대한 전체 내용을 파악하기 위해 처음부터 끝까지 집중하는 것이 중요하다.

★ 今天天气很冷。　　　　　（　　　）	★ 오늘은 날씨가 춥다.
客人马上就要来了，你去告诉蓝小姐先把房间里的空调打开，今天天气太热了。	손님이 곧 올 것이다. 네가 가서 란 아가씨에게 우선 방 안의 에어컨을 켜라고 해. 오늘 날씨가 너무 더워.

단어 　天气 tiānqì 몡 날씨 | 冷 lěng 형 춥다 | 客人 kèrén 몡 손님 | 马上 mǎshàng 뷔 곧, 즉시 | 就要…了 jiùyào…le 곧 ~할 것이다 | 告诉 gàosu 동 알리다, 말하다 | 房间 fángjiān 몡 방 | 空调 kōngtiáo 몡 에어컨 | 打开 dǎkāi 동 켜다, 열다 | 热 rè 형 덥다

해설 　문제를 먼저 확인하고, 오늘 날씨가 어떤지 주목해야 한다. 화자의 마지막 말에 '今天天气太热了(오늘 날씨가 너무 더워)'라고 했으므로 오늘 날씨가 '很冷(춥다)'이라고 한 문제는 **X**가 된다.

듣기 제3부분

문제 21 ▶

A 邻居 B 老师和学生 C 丈夫和妻子	A 이웃 B 선생님과 학생 C 남편과 아내
男：别说话，你听，这是什么声音？ 女：你不知道？儿子昨天买了两只鸟，一只蓝色的，一只红色的。 问：他们最可能是什么关系？	남: 말하지 말고 당신 들어봐요. 이게 무슨 소리죠？ 여: 당신 몰랐어요？아들이 어제 새 두 마리를 샀어요. 　한 마리는 파란색, 한 마리는 빨간색이에요. 질문: 그들은 어떤 관계일 가능성이 가장 높은가？

단어 　邻居 línjū 몡 이웃 | 丈夫 zhàngfu 몡 남편 | 妻子 qīzi 몡 아내 | 声音 shēngyīn 몡 소리 | 儿子 érzi 몡 아들 | 鸟 niǎo 몡 새 | 只 zhī 양 마리 [짐승이나 동물을 세는 단위] | 蓝色 lánsè 몡 파란색 | 红色 hóngsè 몡 빨간색 | 关系 guānxi 몡 관계

해설 　여자가 남자에게 한 '儿子昨天买了两只鸟(아들이 어제 새 두 마리를 샀어요)'라는 문장을 통해 둘 사이가 부부라는 것을 유추할 수 있다. 따라서 답은 **C 丈夫和妻子**(남편과 아내)이다. 서로를 부르는 호칭도 중요하지만 제삼자를 뭐라고 부르는지도 문제의 결정적인 힌트가 될 수 있으니 놓치지 말고 듣도록 하자.

문제 22 ▶

A 医院 B 学校 C 公司	A 병원 B 학교 C 회사
女：请问，校长办公室在哪儿？ 男：就在前面，右边第三个办公室。 问：他们现在在哪儿？	여: 실례합니다. 교장선생님 사무실은 어디에 있나요？ 남: 바로 앞에 있어요. 오른쪽 세 번째 사무실이요. 질문: 그들은 현재 어디에 있는가？

단어 　医院 yīyuàn 몡 병원 | 学校 xuéxiào 몡 학교 | 校长 xiàozhǎng 몡 교장 | 办公室 bàngōngshì 몡 사무실 | 前面 qiánmian 몡 앞쪽 | 右边 yòubian 몡 오른쪽

해설 　'校长'은 '교장선생님'으로, 여자가 교장선생님의 사무실 위치를 묻고 있고 남자는 바로 앞에 있다고 했으므로 그들은 학교에 있다는 것을 알 수 있다. 따라서 정답은 **B 学校**(학교)이다.

A 地铁站	A 지하철역
B 公司	B 회사
C 饭馆儿	C 식당

女: 先生您好，您现在点菜吗?	여: 손님, 안녕하세요? 지금 주문을 하실 건가요?
男: 我还有几个同事，等他们来了以后点吧。	남: 저 몇 명의 직장 동료가 더 있어요. 그들이 오길 기다렸
问: 他们现在在哪儿?	다가 후에 주문할게요.
	질문: 그들은 현재 어디에 있는가?

단어 地铁 dìtiě 몡 지하철 | 站 zhàn 몡 역 | 点 diǎn 동 주문하다 | 菜 cài 몡 요리 | 同事 tóngshì 몡 직장 동료 | 等 děng 동 기다리다

해설 '点'이 시간을 표현할 땐 '～시'라는 뜻을 갖지만 동사로 쓰이면 '주문하다'라는 뜻이다. 이 대화에서는 동사로 쓰여 '点菜(요리를 주문하다)'라고 했기 때문에 그들은 현재 **C** 饭馆儿(식당)에 있다는 것을 알 수 있다.

A 明天下午	A 내일 오후
B 明天上午	B 내일 오전
C 今天	C 오늘

男: 明天下午我们要去看你奶奶，你作业写完	남: 내일 오후에 우리는 너희 할머니를 뵈러 갈 거야. 너 숙제
了吗?	다 했어?
女: 我今天一定能完成作业，相信我吧。	여: 저는 오늘 반드시 숙제를 다 할 수 있어요. 절 믿으세요.
问: 他们哪天去奶奶家?	질문: 그들은 언제 할머니 댁에 가는가?

단어 下午 xiàwǔ 몡 오후 | 上午 shàngwǔ 몡 오전 | 一定 yídìng 븝 반드시 | 完成 wánchéng 동 완성하다 | 作业 zuòyè 몡 숙제 | 相信 xiāngxìn 동 믿다

해설 보기 A, B, C 모두 시간에 관련된 단어들이기 때문에 시간을 묻는 문제가 나올 것이라는 것을 유추할 수 있다. 남자의 첫마디에 '明天 下午我们要去看你奶奶(내일 오후에 우리는 너희 할머니를 뵈러 갈 거야)'라고 하는 것을 통해 그들은 **A** 明天下午(내일 오후)에 할머니 댁에 간다는 것을 알 수 있다.

A 聪明	A 똑똑하다
B 不好	B 좋지 않다
C 热情	C 친절하다

女: 你看，我这个办法是不是更好呢?	여: 너 봐, 내 이 방법이 더 좋지 않아?
男: 是，比我的好，还是你聪明。	남: 응, 내 것보다 좋네. 역시 너는 똑똑해.
问: 男的觉得女的怎么样?	질문: 남자는 여자가 어떻다고 생각하는가?

단어 聪明 cōngming 혱 똑똑하다 | 热情 rèqíng 혱 친절하다 | 办法 bànfǎ 몡 방법 | 比 bǐ 전 ~보다

해설 여자가 자신의 방법이 어떤지 묻자 남자는 자기 것보다 낫다고 하며 '还是你聪明(역시 너는 똑똑해)'이라고 한다. 남자가 여자를 어떻게 생각하는지를 물었으므로 답은 **A** 聪明(똑똑하다)이다.

A 下雨 B 热 C 阴	A 비가 내리다 B 덥다 C 흐리다
女: 天阴了，可能要下雨，你还是别出去了。 男: 没关系，我带着伞，而且朋友家离这儿很近。 问: 现在天气怎么样？	여: 날이 흐려져서 아마도 비가 내릴 것 같아. 너 아무래도 　　나가지 않는 것이 좋겠어. 남: 괜찮아. 나 우산 가져가. 게다가 친구 집은 여기에서부터 　　가까워. 질문: 지금 날씨는 어떤가?

단어 热 rè [형] 덥다 | 阴 yīn [형] 흐리다 | 带 dài [동] 지니다, 챙기다 | 伞 sǎn [명] 우산 | 而且 érqiě [접] 게다가 | 朋友 péngyou [명] 친구 | 离 lí [전] ~에서부터 | 近 jìn [형] 가깝다

해설 보기에는 모두 날씨와 관련된 단어들이 나열되어 있다. 여자의 첫마디에서 '天阴了，可能要下雨(날이 흐려져서 아마도 비가 내릴 것 같아)'라고 말하고 있다. 형용사 뒤에 쓰인 '了'는 변화의 의미로 '~해졌다'라는 의미를 갖는다. 따라서 답은 **C** 阴(흐리다)이다.

문제 27

A 同事 B 同学 C 妈妈和儿子	A 직장 동료 B 학우 C 엄마와 아들
女: 这件事我也不太清楚，你去问问王经理吧， 　　他的办公室在五层，五零三。 男: 好，谢谢你。 问: 他们最可能是什么关系？	여: 이 일은 나도 그다지 명확하지 않아. 네가 가서 왕 사장님 　　께 한번 여쭤봐. 그의 사무실은 5층에 있어. 503호야. 남: 알겠어, 고마워. 질문: 그들은 어떤 관계일 가능성이 가장 높은가?

단어 事 shì [명] 일, 업무, 사건 | 清楚 qīngchu [형] 분명하다, 명확하다 | 经理 jīnglǐ [명] 사장 | 层 céng [명] 층 | 零 líng [수] 0, 영

해설 여자가 남자에게 확실치 않은 문제에 대해 '你去问问王经理吧(네가 가서 왕 사장님께 한번 여쭤봐)'라고 했으므로 두 사람은 직장 동료임을 추측할 수 있다. 따라서 그들은 **A** 同事(직장 동료)일 가능성이 가장 높다.

문제 28

A 要去银行 B 找词典 C 找手机	A 은행에 가려고 B 사전을 찾으려고 C 휴대전화를 찾으려고
男: 奇怪，我记得把手机放在包里了，怎么找不 　　到了？ 女: 别着急，我给你打个电话，就知道在哪儿 　　了。 问: 女的为什么要给男的打电话？	남: 이상하다. 나 휴대전화를 가방 안에 넣었다고 기억하는데 　　어째서 찾을 수가 없지？ 여: 조급해하지 마. 내가 너에게 전화를 걸면 바로 어디에 있는 　　지 알 수 있어. 질문: 여자는 왜 남자에게 전화를 걸려고 하는가?

단어 银行 yínháng [명] 은행 | 找 zhǎo [동] 찾다 | 词典 cídiǎn [명] 사전 | 手机 shǒujī [명] 휴대전화 | 奇怪 qíguài [형] 이상하다 | 记得 jìde [동] 기억하다 | 放 fàng [동] 놓다 | 包 bāo [명] 가방 | 着急 zháojí [형] 급하다, 서두르다 | 知道 zhīdào [동] 알다

해설 남자가 휴대전화를 찾을 수 없다는 말에 여자가 전화를 걸어 휴대전화가 어디에 있는지 알아보자고 한다. 따라서 여자가 남자에게 전화를 거는 이유는 **C** 找手机(휴대전화를 찾으려고)이다.

A 很甜 B 不新鲜 C 比较贵	A 달다 B 신선하지 않다 C 비교적 비싸다
男：你等一下，我们买几斤葡萄吧。 女：还是买别的水果吧，这些葡萄像是放了很久了。 问：女的觉得葡萄怎么样？	남: 너 좀 기다려. 우리 포도 몇 근 사자. 여: 다른 과일을 사는 게 낫겠어. 이 포도들 생긴 게 오래 두었던 것 같아. 질문: 여자가 느끼기에 포도는 어떠한가?

단어 甜 tián 형 달다 | 新鲜 xīnxiān 형 신선하다 | 比较 bǐjiào 부 비교적 | 葡萄 pútáo 명 포도 | 像 xiàng 동 닮다, ~와 같다 | 久 jiǔ 형 오래다

해설 남자는 포도를 사자고 하지만 여자는 사지 말자고 한다. 그 이유로 '这些葡萄像是放了很久了(이 포도들 생긴 게 오래 두었던 것 같아)'라고 말했기 때문인데, 이는 **B** 不新鲜(신선하지 않다)과 같은 표현이다. 의미를 잘 파악해야 정답을 찾을 수 있는 문제이다.

A 走路 B 打车 C 坐地铁	A 길을 걷다 B 택시를 타다 C 지하철을 타다
女：我们坐地铁去爷爷家吧。 男：那下车后还要走很长一段路，还是坐出租车去吧。 问：男的打算怎么去爷爷家？	여: 우리 지하철 타고 할아버지 댁에 가자. 남: 그러면 하차 후에 긴 길을 또 걸어야 해. 아무래도 택시 타고 가는 게 더 좋겠어. 질문: 남자는 어떻게 할아버지 댁에 갈 계획인가?

단어 路 lù 명 길 | 打车 dǎchē 동 택시를 타다 | 地铁 dìtiě 명 지하철 | 段 duàn 양 단락, 토막 [사물의 한 부분을 나타냄] | 打算 dǎsuàn ~할 계획이다 | 还是 háishi ~하는 편이 (더) 좋다

해설 남자는 지하철을 타게 되면 내려서 오래 걸어야 하기 때문에 택시를 타고 가는 것이 더 좋겠다고 했다. '坐出租车(택시를 타다)'는 **B** 打车(택시를 타다)와 같은 의미이다.

듣기 제4부분

A 吃葡萄 B 看花 C 还书	A 포도를 먹다 B 꽃을 보다 C 책을 반납하다
男：我家花园里的花终于开了。 女：是吗？哪天去你家看看。 男：可以，明天或者后天我都有时间。 女：那就明天吧，到时候我给你打电话。 问：女的明天要做什么？	남: 우리 집 화원 안의 꽃이 드디어 피었어. 여: 그래? 언제 너희 집에 가서 한번 봐야겠다. 남: 가능하지. 내일이나 모레 나는 다 시간이 있어. 여: 그럼 내일로 하자. 그때 가서 내가 너에게 전화할게. 질문: 여자는 내일 무엇을 할 것인가?

단어 花 huā 명 꽃 | 还 huán 동 돌려주다 | 花园 huāyuán 명 화원 | 终于 zhōngyú 부 드디어, 마침내 | 开 kāi 동 (꽃이) 피다 | **A 或者**
B A huòzhě B A 혹은 B | 时间 shíjiān 명 시간 | 到时候 dào shíhòu 그때가 되어서

해설 남자의 화원에 꽃이 피었다는 말을 듣고 여자가 내일 가서 봐야겠다고 한다. 문제에서는 여자가 내일 무엇을 할지 물었기 때문에 답은
B 看花(꽃을 보다)이다.

문제 32 ▶

A 他以为女的在图书馆	A 그는 여자가 도서관에 있는 줄 알았다
B 茶太甜了	B 차가 너무 달다
C 又饿了	C 또 배가 고프다

男：真奇怪，你怎么在这里喝茶呢？	남: 정말 이상하다. 너 어째서 여기에서 차를 마시고 있어?
女：在这儿喝茶很奇怪吗？	여: 여기에서 차 마시는 것이 이상해?
男：我刚才看见你在图书馆里。	남: 나 방금 도서관 안에서 너를 봤어.
女：不可能，你一定看错了，我上午一直在这儿。	여: 그럴 리가. 너 분명히 잘못 봤어. 나 오전에 계속 여기 있었어.
问：男的为什么觉得奇怪？	질문: 남자는 왜 이상하다고 느끼는가?

단어 以为 yǐwéi 동 ~인 줄 알다 | 茶 chá 명 차 | 甜 tián 형 달다 | 又 yòu 부 또 | 饿 è 형 배고프다 | 奇怪 qíguài 형 이상하다 | 杯 bēi
양 잔, 컵 | 错 cuò 동 틀리다

해설 남자는 방금 여자를 도서관에서 봤는데 다른 장소에서 차를 마시고 있는 모습을 이상하게 여겼다. 하지만 여자는 오전부터 같은 자
리에서 차를 마시고 있었기 때문에 답은 **A 他以为女的在图书馆**(그는 여자가 도서관에 있는 줄 알았다)이 된다. 여기서 '以为'는
'~인 줄 알다'라는 뜻이다. 전체적인 문맥을 파악해야 알맞은 답을 고를 수 있는 문제이다.

문제 33 ▶

A 明天下午　　B 后天早上　　C 下个星期	A 내일 오후　　B 모레 아침　　C 다음 주

女：你的脚怎么样了？	여: 네 다리는 어때졌어?
男：快好了，谢谢你的关心。	남: 곧 좋아질 거야. 관심 가져줘서 고마워.
女：会不会影响你参加下周三的比赛？	여: 다음 주 수요일에 참가하는 경기에 영향 끼치는 거 아니야?
男：医生说没关系。	남: 의사 선생님이 괜찮대.
问：比赛什么时候举行？	질문: 경기는 언제 열리는가?

단어 星期 xīngqī 명 주, 요일 | 脚 jiǎo 명 발 | 关心 guānxīn 동 관심을 가지다 | 影响 yǐngxiǎng 동 영향을 미치다 | 参加 cānjiā 동
참가하다 | 周 zhōu 명 주, 요일 | 比赛 bǐsài 명 시합, 경기

해설 보기를 통해 시간에 대해 물을 것이라고 유추할 수 있다. '星期(주, 요일)'와 '周(주, 요일)'는 같은 의미인데, 녹음에서 '下周三(다음 주
수요일)'에 경기에 참가한다고 했으므로 보기 **C 下个星期**(다음 주)가 정답이다.

문제 34 ▶

A 厨房　　B 电梯里　　　C 洗手间	A 주방　　B 엘리베이터 안　　　C 화장실

女：喂，你到哪儿了？	여: 여보세요? 너 어디 도착했어?
男：我已经进电梯了。	남: 나 이미 엘리베이터에 들어왔어.
女：这么快，我还想让你买点儿苹果上来呢。	여: 이렇게나 빠르다니. 나는 너에게 사과를 조금 사서 올라 오
男：一会儿再去吧，我已经到了。	라고 하려고 했어.
问：男的现在在哪儿？	남: 조금 이따 다시 갈게. 나 이미 도착했어.
	질문: 남자는 지금 어디인가?

단어 厨房 chúfáng 명 주방 | 电梯 diàntī 명 엘리베이터 | 洗手间 xǐshǒujiān 명 화장실 | 已经 yǐjīng 부 이미 | 进 jìn 동 (밖에서 안으로)
들다 | 让 ràng 동 ～하게 하다 | 苹果 píngguǒ 명 사과

해설 보기의 공통점은 장소이기 때문에 우리는 녹음을 들으며 장소에 관련된 말을 주의 깊게 들어야 한다. 여자가 남자의 위치를 묻고 남자가 엘리베이터에 들어왔다고 했으므로 남자의 위치는 **B 电梯里**(엘리베이터 안)이다.

문제 35

A 9月9日爬山 B 山高990米 C 9个人住在山上	A 9월 9일에 등산해서 B 산의 높이가 990m이라서 C 9명이 산에 살아서
男：这个山我来过好几次，但还不知道它叫什么山。 女：它叫"九日山"。 男：为什么叫这个名字呢？ 女：以前，九月九号人们都要来这儿爬山。 问：它为什么被叫做"九日山"？	남: 이 산에 나는 아주 여러 번 온 적이 있어. 그런데 여전히 이 것이 무슨 산이라고 불리는지 몰라. 여: 이 산은 '구일산'이라고 불려. 남: 왜 그 이름으로 불려? 여: 예전에 9월 9일에 사람들이 모두 여기에 와서 등산을 했어. 질문: 그 산은 왜 '구일산'으로 불리게 되었는가?

단어 米 mǐ 양 미터(m) | 住 zhù 동 살다 | 知道 zhīdào 동 알다 | 它 tā 대 그것 | 叫 jiào 동 부르다 | 爬山 páshān 동 등산하다 | 被 bèi 전 ～을 당하다

해설 남자는 이 산이 왜 '구일산'이라고 불리는지 이유를 물었고, 여자가 그에 대한 대답으로 '以前，九月九号人们都要来这儿爬山 (예전에 9월 9일에 사람들이 모두 여기에 와서 등산을 했어)'이라고 답했기 때문에 정답은 **A 9월9日爬山**(9월 9일에 등산해서)이다.

문제 36

A 7号上午 B 今天下午 C 7号下午	A 7일 오전 B 오늘 오후 C 7일 오후
女：你好，七号下午去北京的火车票还有吗？ 男：有，下午七点的。 女：好的，我要三张。 男：三张一共九百六。 问：女的打算什么时候去北京？	여: 안녕하세요? 7일 오후에 베이징으로 가는 기차표 아직 있 나요? 남: 있어요. 오후 7시 것이요. 여: 알겠습니다. 저는 세 장이 필요해요. 남: 세 장은 총 960위안입니다. 질문: 여자는 언제 베이징에 갈 계획인가?

단어 火车 huǒchē 명 기차 | 票 piào 명 표 | 还 hái 부 아직 | 要 yào 동 필요하다 | 张 zhāng 양 장 [종이나 가죽 등을 세는 단위]

해설 여자가 '七号下午去北京的火车票还有吗？(7일 오후에 베이징으로 가는 기차표 아직 있나요?)'라고 묻고 있다. 질문 역시 여자가 언제 베이징에 가려고 하는지 날짜를 묻고 있으므로 정답은 **C 7号下午**(7일 오후)이다. 녹음 뒷부분으로 가면 표가 몇 장인지, 가격이 얼마인지에 대한 내용도 숫자로 나오기 때문에 헷갈릴 수 있지만, 먼저 보기를 훑어봤을 때 날짜를 묻고 있기 때문에 날짜 부분에 귀 기울여 들어야 한다.

문제 37

A 很胖 B 口渴了 C 不胖	A 뚱뚱하다 B 목이 마르다 C 뚱뚱하지 않다

男：别吃了，你已经吃了三块儿面包了。 女：这是最后一块儿。 男：你总是吃甜的东西，不怕变胖吗？ 女：你放心，我们家的人都很瘦，吃不胖，我也 　　一样。 问：关于女的可以知道什么？	남: 먹지 마, 너 이미 빵을 세 조각 먹었어. 여: 이게 마지막 한 조각이야. 남: 너는 항상 단 것을 먹는데 살찔까 무섭지 않아? 여: 안심해, 우리 집 사람들은 모두 말랐어. 먹어도 살이 안 쪄. 　　나도 똑같아. 질문: 여자에 관해서 알 수 있는 것은?

단어 口渴 kǒu kě 형 목이 타다, 갈증나다 | 块 kuài 양 조각, 덩어리 | 面包 miànbāo 명 빵 | 总是 zǒngshì 부 늘, 항상 | 甜 tián 형 달다 |
怕 pà 동 두렵다, 무섭다 | 变 biàn 동 변하다 | 胖 pàng 형 뚱뚱하다, 통통하다 | 放心 fàngxīn 동 안심하다 | 瘦 shòu 형 마르다

해설 여자가 빵을 계속 먹는 상황에 남자가 살찔 것을 걱정하고 있지만 여자는 '我们家的人都很瘦，吃不胖，我也一样(우리 집 사
람들은 모두 말랐어. 먹어도 살이 안 쪄, 나도 똑같아)'이라고 말하고 있기 때문에 여자에 관해 알 수 있는 것은 C 不胖(뚱뚱하지 않다)
이다. 대화 앞부분에 많이 먹어서 살이 찌지 않을까 이야기하는 부분에서 보기 A 很胖(뚱뚱하다)이라고 답을 착각할 수 있지만, 끝부
분까지 잘 들어서 정확한 답을 골라야 한다.

문제 38 ▶

A 选衣服 B 选帽子 C 卖衣服	A 옷을 고르다 B 모자를 고르다 C 옷을 팔다

女：我明天穿什么衣服好？你帮我选选？ 男：你想穿裙子还是裤子？ 女：我想穿裙子，这条红色的怎么样？ 男：很好看，那穿哪双鞋呢？ 问：他们在做什么？	여: 나 내일 무슨 옷을 입으면 좋을까? 네가 나를 도와 좀 골 　　라줄래? 남: 너 치마 입고 싶어 아니면 바지 입고 싶어? 여: 나는 치마 입고 싶어. 이 빨간색 어때? 남: 보기 좋아, 그러면 신발은 어떤 것을 신을 거야? 질문: 그들은 무엇을 하고 있는가?

단어 选 xuǎn 동 고르다 | 帽子 màozi 명 모자 | 卖 mài 동 팔다 | 帮 bāng 동 돕다 | 穿 chuān 동 입다, 신다 | 裙子 qúnzi 명 치마 |
A 还是 B? A háishi B? A인가 아니면 B인가? [선택의문문] | 裤子 kùzi 명 바지 | 鞋 xié 명 신발

해설 여자가 남자에게 '我明天穿什么衣服好？你帮我选选？(나 내일 무슨 옷을 입으면 좋을까? 네가 나를 도와 좀 골라줄래?)'이라
고 하며 옷 고르는 것을 도와달라고 부탁한다. 따라서 정답은 A 选衣服(옷을 고르다)이고, 보기 C는 목적어가 '衣服(옷)'로 정답과 같
지만 술어가 다르기 때문에 답을 선택할 때 헷갈리지 않도록 주의해야 한다.

문제 39 ▶

A 蓝色　　B 黑色　　C 白色	A 파란색　　B 검은색　　C 흰색

男：咱们也买辆车吧？ 女：你怎么突然决定买车了？ 男：有车会很方便。我们可以买辆十万左右的， 　　买辆蓝色的好不好？ 女：我觉得黑色的好。 问：男的想买哪种颜色的车？	남: 우리도 차 살까? 여: 너 어째서 갑자기 차를 사기로 결정했어? 남: 차가 있으면 편리할 거야. 우리는 10만 위안 정도의 차를 살 　　수 있어. 파란색으로 사면 좋을까? 여: 나는 검은색이 좋다고 생각해. 질문: 남자는 어떤 색의 차를 사고 싶은가?

단어 蓝色 lánsè 명 파란색, 남색 | 黑色 hēisè 명 검은색 | 白色 báisè 명 흰색 | 咱们 zánmen 대 우리 | 辆 liàng 양 대 | 突然 tūrán
부 갑자기 | 决定 juédìng 동 결정하다 | 方便 fāngbiàn 형 편리하다 | 觉得 juéde 동 느끼다, 생각하다

해설 남자는 파란색 차가 어떤지 물었고 여자는 검은색이 낫다고 했다. 하지만 문제에서는 여자가 사고 싶은 차의 색을 물은 것이 아니라 남
자가 사고 싶은 색을 물었기 때문에 답은 A 蓝色(파란색)이다. 항상 질문에서 묻고 있는 것이 무엇인지 집중해서 듣도록 하자!

A 再买一只小狗 B 照顾小狗 C 洗澡	A 한 마리의 강아지를 더 사다 B 강아지를 돌보다 C 샤워하다
女：这几天我不在家，你别忘了照顾好我的小狗。 男：好的，你放心吧。 女：要记得给它吃饭和洗澡。 男：记住了，没问题。 问：女的让男的做什么？	여: 요 며칠 나 집에 없어. 너 내 강아지를 잘 돌보는 것을 잊지 마. 남: 알겠어. 너 안심해도 돼. 여: 강아지에게 밥 주고 샤워시키는 것도 기억해야 해. 남: 기억했어. 문제 없어. 질문: 여자는 남자에게 무엇을 하라고 시키는가?

단어 照顾 zhàogù 동 돌보다. 보살피다 | 小狗 xiǎogǒu 명 강아지 | 洗澡 xǐzǎo 동 샤워하다 | 忘 wàng 동 잊다 | 记住 jìzhù 동 기억하다

해설 여자가 며칠 동안 집을 비우는 상황이라 남자에게 강아지를 부탁하며 해야 할 일들을 다시 언급하고 있다. 녹음 첫 부분에서 '你别忘了照顾好我的小狗(너 내 강아지를 잘 돌보는 것을 잊지 마)'라고 했다. 따라서 정답은 **B** 照顾小狗(강아지를 돌보다)가 된다.

독해 제1부분

문제 41-45

문제 41

C 图书馆里比较安静，我们喜欢在那儿学习。 41. 他的习惯和我们不一样，他喜欢在家学习。	C 도서관 안은 비교적 조용해서 우리는 그곳에서 공부하는 것을 좋아한다. 41. 그의 습관과 우리의 습관은 같지 않다. 그는 집에서 공부하는 것을 좋아한다.

단어 习惯 xíguàn 명 습관 | 学习 xuéxí 동 공부하다 | 比较 bǐjiào 부 비교적 | 安静 ānjìng 형 조용하다

해설 41번에 그의 습관과 우리의 습관은 다르다고 했기 때문에 우리의 습관이 무엇인지 보기에서 찾아야 한다. '在…学习'라는 같은 유형의 문장이 나오고 있는 보기 C를 보자. 보기 C에선 우리가 도서관에서 학습하는 것을 좋아한다고 나오기 때문에 보기 **C**와 문제 41번이 서로 호응하는 문장이다.

문제 42

42. 妈妈，家里是不是没有水果？ D 冰箱里还有不少葡萄和苹果呢。	42. 엄마, 집에 과일 없는 거 아니에요? D 냉장고 안에 여전히 적지 않은 포도와 사과가 있어.

단어 水果 shuǐguǒ 명 과일 | 冰箱 bīngxiāng 명 냉장고 | 少 shǎo 형 적다 | 葡萄 pútáo 명 포도 | 和 hé 전 ~와 | 苹果 píngguǒ 명 사과

해설 '水果(과일)'가 있는지 없는지 묻고 있으므로, '葡萄和苹果(포도와 사과)'가 나열되어 있는 보기 D와 연결된다. 같은 부류의 단어들이 나열되어 있는 문장을 찾으면 쉽게 답을 찾을 수 있다. 따라서 42번은 보기 **D**와 서로 호응하는 문장이다.

문제 43

A 照片上这个短头发的就是我妹妹。 43. 那时候她比较瘦，不到50公斤。	A 사진상에 이 짧은 머리가 바로 내 여동생이야. 43. 그때 그녀는 비교적 말랐어. 50kg이 안 됐어.

时候 shíhou 명 무렵, 때 | **公斤** gōngjīn 양 킬로그램(kg) | **照片** zhàopiàn 명 사진 | **短** duǎn 형 짧다 | **头发** tóufa 명 머리카락

해설 문제에서 가리키는 그녀가 누군지 보기에서 찾아야 한다. 보기 A에서 누군가를 묘사하며 끝에 '我妹妹(나의 여동생)'라고 한 것을 통해 답은 보기 **A**라는 것을 알 수 있고, 43번은 보기 A와 이어지는 내용으로 함께 사진을 보며 여동생에 대해 설명하고 있는 문장이 된다.

문제 **44**

44. 她正在买衣服。 　　B 服务员，这条裙子有点儿短，帮我再换一条 　　吧。	44. 그녀는 옷을 사고 있는 중이다. 　　B 종업원, 이 치마가 조금 짧아요. 다시 바꿔주세요.

단어 **正在** zhèngzài 부 ~하고 있는 중이다 | **服务员** fúwùyuán 명 종업원 | **有点儿** yǒudiǎnr 부 조금, 약간 | **再** zài 부 다시 | **换** huàn 동 바꾸다

해설 문제 44번의 '正在买衣服(옷을 사고 있는 중)'라는 상황과 연결될 만한 알맞은 문장을 보기에서 찾아보자. 보기 **B**를 보면 종업원을 부르며 치마를 바꿔 달라고 하고 있다. '服务员(종업원)'과 '这条裙子(이 치마)'를 통해 옷을 사고 있는 상황에 적합하다는 것을 알 수 있다. 이 문제는 대화 형식이 아닌 어떤 한 상황과 그 상황을 설명해주는 문장으로 구성되어 있다. 다양한 문장 유형에 익숙해지자.

문제 **45**

45. 我记得离开教室的时候把空调关了。 　　F 怎么现在还是开着呢？	45. 나는 교실을 떠날 때 에어컨을 껐다고 기억해. 　　F 어째서 지금 여전히 켜져 있지?

단어 **离开** líkāi 동 떠나다 | **教室** jiàoshì 명 교실 | **空调** kōngtiáo 명 에어컨 | **关** guān 동 끄다 | **开** kāi 동 켜다

해설 문제에서 가장 중요한 단어는 '关(끄다)'이므로 이와 관련된 단어를 보기에서 찾으면 보기 F에서 '关'의 반대말 '开(켜다)'를 찾을 수 있다. 떠날 때 에어컨을 껐지만 여전히 켜져 있는 상태를 의아해하는 상황으로 45번은 보기 **F**와 서로 호응하는 문장이다. 따라서 반의어도 잘 알아두면 문제를 푸는 데 도움이 된다.

문제 **46-50**

문제 **46**

46. 书店马上就要关门了。 　　E 没关系，我明天去也可以。	46. 서점이 곧 문을 닫을 거야. 　　E 괜찮아, 나 내일 가도 돼.

단어 **书店** shūdiàn 명 서점 | **马上** mǎshàng 부 곧, 바로 | **就要…了** jiùyào…le 부 ~할 것이다 | **关门** guānmén 동 문을 닫다

해설 서점이 곧 문을 닫을 것이라는 말에 알맞은 대답으로 보기 E 明天去也可以(내일 가도 된다)라는 문장과 연결해주면 된다. 이 문제는 직접적으로 연결되는 단어가 없기 때문에 해석을 통해 답을 찾아야 한다. '就要…了'가 완료가 아닌 동작의 발생을 의미한다는 것을 잊지 말자! 따라서 46번은 보기 **E**와 서로 호응하는 문장이다.

문제 **47**

47. 冰箱里只有果汁和鸡蛋，没有其他吃的。 　　D 那我们现在去超市吧。	47. 냉장고 안에 과일 주스와 달걀밖에 없어. 다른 먹을 것은 　　없어. 　　D 그러면 우리 지금 슈퍼마켓에 가자.

단어 **只** zhǐ 부 오직, 단지 | **果汁** guǒzhī 명 과일주스 | **鸡蛋** jīdàn 명 달걀 | **其他** qítā 대 기타, 다른 | **超市** chāoshì 명 슈퍼마켓

해설 문제 47에서는 냉장고에 '没有其他吃的(다른 먹을 것은 없다)'라고 했다. 이 내용과 연결될 수 있는 문장은 슈퍼마켓에 가자는 내용이 담긴 보기 **D**이다. '吃的(먹을 것)'와 '超市(슈퍼마켓)'는 연관된 단어이기 때문에 비교적 쉽게 답을 찾을 수 있다.

48. 请问，现在是十点吗？ 　B 现在十点十五了，您的表慢了一刻。	48. 실례지만 지금 10시인가요？ 　B 지금 10시 15분이에요. 당신 시계가 15분 늦네요.

단어 点 diǎn 명 시 [시간 단위] | 表 biǎo 명 시계 | 慢 màn 형 느리다 | 刻 kè 양 15분

해설 48번 문제에서 현재 시간을 묻고 있으므로 시간으로 답하는 문장을 찾아야 한다. 보기 B에서 '现在十点十五了(지금 10시 15분이에요)'라고 답하고 있으므로 48번은 보기 **B**와 서로 호응하는 문장이다.

C 我的几个朋友周末想去上海玩儿，但他们都 　 不会开车。 49. 我爸是司机，我问问他，看他有没有时间。	C 내 몇 명의 친구가 주말에 상하이에 가서 놀고 싶어해. 　 그러나 그들은 모두 운전을 할 줄 몰라. 49. 우리 아빠는 운전기사야. 내가 아빠한테 시간이 있는지 　 없는지 봐달라고 한번 물어볼게.

단어 司机 sījī 명 운전기사 | 时间 shíjiān 명 시간 | 周末 zhōumò 명 주말 | 玩儿 wánr 동 놀다 | 都 dōu 부 모두 | 会 huì 조동 (배워서) ~할 수 있다 | 开车 kāichē 동 운전하다

해설 문제 49번을 해석해보면 우리 아빠는 운전기사이며, 아빠의 시간 여부를 묻는다고 했다. 이 문장과 어울리는 문장은 보기 **C**이다. 보기 C의 문장 끝을 보면 '但他们都不会开车(그러나 그들은 모두 운전을 할 줄 몰라)'라는 내용이 있다. '开车(운전을 하다)'와 '司机(운전기사)'는 연관된 단어이므로 공통점이 있다.

A 七个小矮人的故事，你听说过吗？ 50. 小时候奶奶给我讲过，很有名。	A 일곱 난쟁이 이야기 너 들어본 적 있어？ 50. 어렸을 때 할머니가 나에게 들려준 적 있어. 유명해.

단어 给 gěi 전 ~에게 | 讲 jiǎng 동 이야기하다. 말하다 | 有名 yǒumíng 형 유명하다 | 矮人 ǎirén 명 난쟁이 | 故事 gùshi 명 이야기

해설 문제 50번은 할머니가 어떤 이야기를 들려준 적이 있다는 내용으로 이런 대답이 나올 만한 질문을 보기에서 찾으면 어떤 이야기를 들어본 적 있는지 묻고 있는 보기 A이다. '七个小矮人(일곱 난쟁이)'이라는 단어를 몰라도 어떤 '故事(이야기)'를 들어본 적이 있는지를 묻는 보기 **A**와 연결되는 문장임을 알 수 있다.

독해 제2부분

A 起飞	B 感冒	C 简单	D 环境	E 声音	F 能
A 이륙하다	B 감기	C 간단하다	D 환경	E 목소리	F ~할 수 있다

会议10点半（　　　　）结束吗？外面有人找王经 理。	회의가 10시 30분에 끝날(수 나요)？ 바깥에 왕 사장님을 찾는 사람이 있어요.

단어 会议 huìyì 명 회의 | 结束 jiéshù 동 끝나다 | 外面 wàimian 명 바깥 | 找 zhǎo 동 찾다 | 经理 jīnglǐ 명 사장

빈칸 앞쪽으로는 주어가 있고 술어 '结束(끝나다)' 앞이 빈칸이므로 술어를 수식하는 부사어가 필요하다는 것을 알 수 있다. 보기에서 술어 앞에서 술어를 수식할 수 있는 단어는 조동사인 **F 能**(~할 수 있다)이다. 의미상으로도 바깥에 왕 사장님을 찾으니 회의가 몇 시 쯤 끝날 수 있는지 묻는 문장이 되면 된다.

문제 52

请大家关上手机，飞机马上就要（　　　　）了。	모두 휴대전화를 꺼주세요. 비행기가 곧 (이륙)할 것입니다.

단어 关 guān 동 끄다 | **手机** shǒujī 명 휴대전화 | **飞机** fēijī 명 비행기 | **马上** mǎshàng 부 곧, 바로 | **起飞** qǐfēi 동 이륙하다

해설 '就要…了'는 임박태로 중간에 있는 동작이 곧 발생함을 알려준다. 주어가 '飞机(비행기)'이므로 임박태 사이에 들어갈 수 있는 동작은 **A 起飞**(이륙하다)이다.

문제 53

下雨了，你还是多穿点儿再出去，小心（　　　　）。	비가 내렸어. 너 아무래도 많이 입고 다시 나가는 게 좋겠다. (감기) 조심해.

단어 下雨 xiàyǔ 동 비가 내리다 | 穿 chuān 동 입다 | **小心** xiǎoxīn 동 조심하다 | **感冒** gǎnmào 명 감기

해설 '小心'은 '조심하다'라는 동사로 뒤에 목적어를 동반할 수 있다. 비가 오기 때문에 무언가를 조심하라고 하는데, 의미상 이 목적어 자리에 들어갈 만한 명사는 **B 感冒**(감기)이다.

문제 54

其实问题不像你想的那么（　　　　）。	사실 문제는 네가 생각한 것만큼 그렇게 (간단)하지 않다.

단어 **其实** qíshí 부 사실 | **问题** wèntí 명 문제 | 像 xiàng 동 ~와 같다, 닮다 | **简单** jiǎndān 형 간단하다

해설 '那么'는 '그렇게'라는 의미로 동사나 형용사 앞에서 상태, 방법, 정도 등을 나타낸다. 따라서 남은 보기 중 '그렇게 ~하지 않다'라는 문장에 들어가도 매끄러운 어휘는 형용사 **C 简单**(간단하다)이다.

문제 55

听金老师说，机场附近那个宾馆的（　　　　）不错。	김 선생님 말을 듣자 하니 공항 근처에 그 호텔의 (환경)이 괜찮대.

단어 **机场** jīchǎng 명 공항 | **附近** fùjìn 명 근처, 부근 | **宾馆** bīnguǎn 명 호텔 | **不错** búcuò 형 괜찮다, 좋다 | **环境** huánjìng 명 환경

해설 '的'는 관형어와 명사 사이에서 수식 관계를 나타내는 단어이다. '的' 뒤가 빈칸이므로 빈칸에는 명사가 필요하다. 호텔의 어떤 점이 괜찮다고 했으므로 이에 적절한 명사는 **D 环境**(환경)이다.

문제 56-60

A 满意	B 菜单	C 碗	D 爱好	E 教	F 敢
A 만족하다	B 메뉴	C 공기, 그릇	D 취미	E 가르치다	F 감히 ~하다

A: 您好，请问您几位？ B: 4位，请给我们拿一下（　　　），谢谢。	A: 안녕하세요? 실례지만 몇 분이십니까? B: 4명이요. 우리에게 (메뉴)를 좀 가져다주세요. 감사합니다.

단어　位 wèi 양 분 [사람을 세는 단위로 공경의 뜻을 내포함] | 给 gěi 전 ~에게 | 拿 ná 동 가지다, 들다 | 菜单 càidān 명 메뉴

해설　동사 뒤가 빈칸이므로 빈칸에는 목적어 역할을 하는 품사인 명사가 필요하다. 대화 내용을 살펴보면 식당에서 하는 대화임을 유추할 수 있으므로 정답은 **B 菜单**(메뉴)이다.

A: 你丈夫的脚怎么样了？ B: 吃了药好多了，但还是不（　　　）走太多路。	A: 네 남편의 발은 어때졌어? B: 약을 먹고 많이 좋아졌어. 그런데 여전히 (감히) 많은 길은 걷지 못해.

단어　丈夫 zhàngfu 명 남편 | 脚 jiǎo 명 발 | 药 yào 명 약 | 还是 háishi 부 여전히 | 敢 gǎn 조동 감히 ~하다 | 走 zǒu 동 걷다 | 路 lù 명 길

해설　부정부사와 술어 사이가 빈칸이므로 역시나 술어를 수식하는 단어가 들어가야 한다는 것을 알 수 있다. 술어 앞에는 여러 품사들이 수식할 수 있지만 그중 가장 많이 오는 품사는 부사, 조동사, 전치사구이다. 이미 빈칸 앞에 부정부사 '不'가 있으며, 전치사는 명사와 같이 쓰여야 하는데 빈칸 뒤에 명사가 없으므로 빈칸에는 조동사가 필요하다. 문맥상 정답은 **F 敢**(감히 ~하다)이다.

A: 我画完了，你看看，（　　　）吗？ B: 好极了，你画得越来越好了。	A: 나 다 그렸어. 너 봐봐. (만족스럽니)? B: 아주 좋아. 너 점점 더 잘 그린다.

단어　画 huà 동 그리다 | 满意 mǎnyì 형 만족하다 | 越来越…了 yuèláiyuè…le 부 점점 더 ~해졌다

해설　의문문을 만들어주는 '吗' 앞이 빈칸이므로 빈칸에는 술어가 될 수 있는 단어가 필요하다. 전체적인 내용을 보면 그림을 보여주며 의견을 묻는 상황으로 답은 **A 满意**(만족하다)이다.

A: 您做过哪些工作？ B: 我以前是小学老师，主要（　　　）数学。	A: 당신은 어떤 일을 해본 적이 있습니까? B: 나는 이전에는 초등학교 선생님이었고, 주로 수학을 (가르쳤습니다).

단어　做 zuò 동 하다 | 哪 nǎ 대 어느, 어떤 | 工作 gōngzuò 동 일하다 | 小学 xiǎoxué 명 초등학교 | 主要 zhǔyào 부 주로, 대부분 | 教 jiāo 동 가르치다 | 数学 shùxué 명 수학

해설　부사 '主要(주로)'와 목적어 '数学(수학)' 사이가 빈칸으로 빈칸에는 동사술어가 필요하다. '수학을 ~하다'라는 의미로 들어갈 수 있는 단어는 **E 教**(가르치다)이다.

A: 再来一（　　　）米饭？ B: 不用了，我吃饱了，刚才吃了很多面包。	A: 밥 한 (공기) 더 가져다 드릴까요? B: 필요 없어요. 저는 배불러요. 방금 빵을 많이 먹었어요.

단어　再 zài 부 다시, 더 | 碗 wǎn 양 공기, 그릇 | 米饭 mǐfàn 명 쌀밥 | 饱 bǎo 형 배부르다 | 刚才 gāngcái 명 방금 | 面包 miànbāo 명 빵

해설　수사 '一(1, 하나)'와 명사 '米饭(밥)' 사이가 빈칸이므로 이 자리에는 양사가 필요하다. 수사 또는 지시대명사가 명사를 수식할 경우 중간에는 양사가 들어가야 하기 때문이다. 정답은 **C 碗**(공기, 그릇)이 된다.

문제 61

每次经过他家门口的时候，我几乎都能看到他的两只猫在树下睡觉。	매번 그의 집 입구를 지나갈 때, 나는 거의 그의 고양이 두 마리가 나무 아래에서 잠을 자고 있는 것을 볼 수 있다.
★ 那两只猫在哪儿睡觉? A 桌子上 B 房间里 C 树下	★ 그 고양이 두 마리는 어디에서 잠을 자는가? A 책상 위 B 방 안 C 나무 아래

단어 经过 jīngguò 통 지나가다, 거치다 | 几乎 jīhū 부 거의 | 猫 māo 명 고양이 | 树 shù 명 나무 | 睡觉 shuìjiào 통 잠자다 | 桌子 zhuōzi 명 책상, 테이블 | 房间 fángjiān 명 방

해설 고양이들이 어디서 자는지 묻고 있으므로 먼저 지문에서 '猫(고양이)'라는 단어를 찾자. 문장 맨 마지막에 '两只猫在树下睡觉(고양이 두 마리가 나무 아래에서 잠을 잔다)'라고 나오므로 정답은 C 树下(나무 아래)이다.

문제 62

过去，这条街道上除了一家小商店外，什么都没有，不像现在，有这么多宾馆和银行。	과거에 이 거리에는 하나의 작은 상점 외에 아무 것도 없었다. 이렇게 많은 호텔과 은행이 있는 지금과 같지 않았다.
★ 这条街道: A 没变化 B 变化大 C 跟以前相同	★ 이 거리는: A 변화가 없다 B 변화가 크다 C 이전과 같다

단어 过去 guòqù 명 과거 | 街道 jiēdào 명 거리, 도로 | 商店 shāngdiàn 명 상점 | 宾馆 bīnguǎn 명 호텔 | 银行 yínháng 명 은행 | 变化 biànhuà 명 변화 | 相同 xiāngtóng 형 서로 같다

해설 과거에는 지금과 같이 많은 호텔과 은행이 없었기 때문에 그 거리는 변화가 크다는 것을 알 수 있다. 따라서 정답은 B 变化大(변화가 크다)이다.

문제 63

我办公室的电脑突然不能用了，所以我下午要出去。不在公司，有什么事就给我发短信或者打我手机。	제 사무실 컴퓨터를 갑자기 사용할 수 없어졌어요. 그래서 저는 오후에 나가야 합니다. 회사에 없으니 무슨 일이 있으면 바로 제게 메시지를 보내거나 전화를 거세요.
★ 他下午: A 不在办公室 B 去检查身体 C 在家休息	★ 그는 오후에: A 사무실에 없다 B 몸을 진찰하러 간다 C 집에서 쉰다

단어 办公室 bàngōngshì 명 사무실 | 电脑 diànnǎo 명 컴퓨터 | 突然 tūrán 부 갑자기 | 所以 suǒyǐ 접 그래서 | 公司 gōngsī 명 회사 | 发 fā 통 보내다, 전송하다 | 短信 duǎnxìn 명 메시지 | 检查 jiǎnchá 통 검사하다, 진찰하다

해설 사무실 컴퓨터가 고장이 나서 오후에 나가야 하기 때문에 부재를 알리며 '不在公司(회사에 없다)'라고 했다. 사무실은 회사 안에 있으므로 정답 A 不在办公室(사무실에 없다)와 같은 의미이다.

到了机场，她发现护照不见了，在行李箱里找了 两个小时，也没找到，很着急。	공항에 도착해서 그녀는 여권이 보이지 않는다는 것을 발견했 다. 짐가방 안을 두 시간 동안 찾았는데, 역시나 찾을 수 없어 서 매우 조급하다.
★ 她为什么着急? A 迟到了 B 忘记带手机了 C 找不到护照	★ 그녀는 왜 조급한가? A 지각했다 B 휴대전화 챙기는 것을 잊었다 C 여권을 찾을 수 없다

단어 **发现** fāxiàn 동 발견하다, 알다 | **护照** hùzhào 명 여권 | **行李箱** xínglixiāng 명 짐가방 | **找** zhǎo 동 찾다 | **着急** zháojí 형 급하다, 서두르다 | **迟到** chídào 동 지각하다 | **忘记** wàngjì 동 잊다

해설 그녀가 조급한 이유를 묻고 있다. '不见了'는 '없어졌다, 보이지 않는다'라는 뜻으로 '她发现护照不见了(그녀는 여권이 보이지 않는다는 것을 발견했다)'라고 하며 그 뒤에 두 시간 동안 찾았지만 역시나 찾지 못해 조급하다는 내용이 나오므로 정답은 **C 找不到护照** (여권을 찾을 수 없다)이다.

每个人都有自己的兴趣爱好，我最大的爱好就 是旅游。旅游使我发现外面的世界是那么大， 有很多东西是书本上学不到的。	사람마다 모두 자기의 흥미, 취미가 있다. 나의 가장 큰 취미는 바로 여행이다. 여행은 내가 바깥 세상이 그렇게 크다는 것을 알게 하고, 책에서는 배울 수 없는 것들이 많이 있다.
★ 旅游让我: A 变热情 B 没影响 C 学到很多	★ 여행은 내가: A 친절해지게 한다 B 영향을 끼치지 않는다 C 많은 것을 배우게 한다

단어 **兴趣** xìngqù 명 흥미 | **爱好** àihào 명 취미 | **旅游** lǚyóu 동 여행하다 | **使** shǐ 동 ~하게 하다 | **世界** shìjiè 명 세계 | **变** biàn 동 변하다 | **热情** rèqíng 형 친절하다 | **影响** yǐngxiǎng 동 영향을 미치다

해설 여행이 우리에게 어떤 영향을 미치는지 전체적인 내용을 통해 확인해야 한다. '旅游使我发现外面的世界是那么大(여행은 내가 바깥 세상이 그렇게 크다는 것을 알게 한다)'라고 했기 때문에 정답은 **C 学到很多**(많은 것을 배우게 한다)가 된다.

上周日我去奶奶家玩儿，她一开门，我就笑了， 她的鼻子上，耳朵上都是面，眼睛上也有，她 告诉我她正在做面包呢。	지난주 일요일에 나는 할머니 댁에 가서 놀았다. 할머니께서 문을 열자마자 나는 웃었다. 그녀의 코 위, 귀 위가 모두 밀가 루였고 눈 위에도 역시나 있었다. 할머니는 나에게 빵을 만드 는 중이라고 알려주셨다.
★ 他奶奶: A 在做面包 B 在洗盘子 C 喜欢太阳	★ 그의 할머니는: A 빵을 만드는 중이다 B 접시를 닦는 중이다 C 태양을 좋아한다

단어 **玩儿** wánr 동 놀다 | **笑** xiào 동 웃다 | **鼻子** bízi 명 코 | **耳朵** ěrduo 명 귀 | **面** miàn 명 밀가루 | **眼睛** yǎnjing 명 눈 | **告诉** gàosu 동 알리다, 말하다 | **正在** zhèngzài 부 ~하는 중이다 | **盘子** pánzi 명 접시 | **太阳** tàiyáng 명 태양

해설 그의 할머니가 어떤 동작을 하는지 지문을 보며 보기에 나온 단어를 찾는다. 마지막 문장에 '她告诉我她正在做面包呢(할머니는 나에게 빵을 만드는 중이라고 알려주셨다)'라는 것을 통해 **A 在做面包**(빵을 만드는 중이다)가 정답이 된다.

喂？你在哪儿呢？你声音大一点儿好吗？我刚才没听清楚你在说什么。

여보세요? 너 어디야? 네 목소리 조금 크게 해줄 수 있겠니? 나 방금 네가 무슨 말을 하는지 분명하게 알아듣지 못했어.

★ 那个人的声音很：
A 大
B 小
C 清楚

★ 그 사람의 목소리는：
A 크다
B 작다
C 분명하다

단어 | **声音** shēngyīn 명 목소리 | **刚才** gāngcái 명 방금 | **清楚** qīngchu 형 분명하다, 명확하다

해설 | 형용사 뒤에 나온 '一点儿'은 '조금 ~하다'라고 해석하며 비교의 의미를 가지고 있다. 즉, 지금보다 조금 더 크게 말해달라는 뜻으로 현재 그의 목소리가 작다는 것을 알 수 있다. 따라서 정답은 **B** 小(작다)이다.

米饭马上就好，我准备一下碗筷就可以吃饭了。儿子，你来帮我把牛肉放到桌子上，小心点儿，盘子很热。

밥이 곧 다 돼. 내가 그릇과 젓가락을 준비하면 바로 밥을 먹을 수 있어. 아들, 너 와서 내가 소고기를 테이블 위에 놓는 것을 도와줘. 조심해, 접시가 뜨거워.

★ 说话人让儿子做什么？
A 拿牛肉
B 拿碗筷
C 做米饭

★ 화자는 아들이 무엇을 하도록 시키는가？
A 소고기를 놓다
B 그릇과 젓가락을 놓다
C 밥을 하다

단어 | **准备** zhǔnbèi 동 준비하다 | **碗筷** wǎnkuài 명 그릇과 젓가락 | **儿子** érzi 명 아들 | **牛肉** niúròu 명 소고기 | **放** fàng 동 놓다 | **桌子** zhuōzi 명 책상, 테이블

해설 | 보기에 있는 단어들이 지문에 모두 나오기 때문에 아들이 해야 하는 일이 정확히 무엇인지 지문에서 찾아야 한다. 따라서 우선 아들이라는 단어를 지문에서 찾으면 정답을 쉽게 알 수 있다. 엄마는 아들에게 '儿子，你来帮我把牛肉放到桌子上(아들, 너 와서 내가 소고기를 테이블 위에 놓는 것을 도와줘)'이라고 말하고 있으므로 정답은 **A** 拿牛肉(소고기를 놓다)이다.

经过一年的努力，他的游泳水平终于有了很大的提高，我相信他一定能在下个月的比赛中拿个好成绩。

1년의 노력을 거쳐서 그의 수영 실력은 마침내 크게 향상되었다. 나는 그가 다음 달 경기에서 좋은 성적을 받을 것이라고 믿는다.

★ 他：
A 个子很高
B 要参加比赛
C 拿了第一名

★ 그는：
A 키가 크다
B 경기에 참가할 것이다
C 1등을 했다

단어 | **经过** jīngguò 동 거치다, 지나가다 | **努力** nǔlì 동 노력하다 | **游泳** yóuyǒng 동 수영하다 | **水平** shuǐpíng 명 수준 | **终于** zhōngyú 부 드디어, 마침내 | **提高** tígāo 동 향상시키다 | **相信** xiāngxìn 동 믿다 | **成绩** chéngjì 명 성적 | **参加** cānjiā 동 참가하다

해설 | 지문을 통해 그에 관한 내용을 보기와 비교하면서 일치하지 않는 것을 지워나가야 한다. 보기 A와 C에 관한 내용은 없고, '在下个月的比赛中(다음 달 경기에서)'이라는 부분을 통해 정답은 **B** 要参加比赛(경기에 참가할 것이다)임을 알 수 있다.

我教你一个办法。工作前，先把要做的事情写下来，重要的、着急的事情用红笔画出来，这样你就能清楚地知道应该先做什么，后做什么了。	내가 너에게 방법을 하나 가르쳐줄게. 일하기 전에 먼저 해야 할 일들을 써 내려가고, 중요하고 급한 일은 빨간 펜을 사용해서 표시해둬. 이렇게 하면 너는 어떤 것을 먼저 해야 하고, 후에 무엇을 해야 하는지 정확히 알 수 있어.
★ 根据这段话： A 工作不必认真 B 容易的事后做 C 要先做重要的事	★ 이 문단에 근거해서: A 일을 열심히 할 필요가 없다 B 쉬운 일은 나중에 한다 C 중요한 일을 먼저 해야 한다

단어　**办法** bànfǎ 명 방법 | **事情** shìqing 명 일 | **写** xiě 동 쓰다 | **重要** zhòngyào 형 중요하다 | **红笔** hóngbǐ 명 빨간 펜 | **画** huà 동 그리다 | **应该** yīnggāi 조동 ~해야 한다 | **先** xiān 부 먼저 | **不必** búbì 부 ~할 필요 없다 | **认真** rènzhēn 형 열심히 하다 | **容易** róngyì 형 쉽다

해설　지문 내용에 근거해서 맞는 답을 찾는 문제 역시 보기와 지문을 비교하며 일치하지 않는 것부터 차근히 지워나가야 한다. 중요하고 급한 일을 표시해두면 무엇을 먼저 하고 나중에 할지 알 수 있다는 내용으로 정답은 **C 要先做重要的事**(중요한 일을 먼저 해야 한다)이다. 중요하고 급한 일을 먼저 해야 할 뿐 보기 B의 **容易的事后做**(쉬운 일은 나중에 한다)라는 직접적인 내용은 없으므로 가장 적절한 답은 C이다.

쓰기 제1부분

很努力　　我们班的　　学习　　学生

단어　**班** bān 명 반 | **学习** xuéxí 동 공부하다 | **学生** xuésheng 명 학생

해설　문장의 술어가 되는 단어는 '学习(공부하다)'이며, 공부를 하는 주어는 '学生(학생)'이고 목적어는 없다. '我们班的(우리 반의)'는 명사를 수식해야 하므로 '学生' 앞, '很努力(노력하다)'는 술어 앞으로 배열하여 문장을 완성한다.

TIP　관형어 + 주어 + 부사어 + 술어

今天　　出　　终于　　太阳了

단어　**出** chū 동 나오다 | **终于** zhōngyú 부 드디어, 마침내 | **太阳** tàiyang 명 태양

해설　'了'는 동사 뒤뿐만 아니라 문장 끝에 붙을 수도 있기 때문에 보기 어휘 중 '了'가 붙어있으면 앞 단어가 동사 또는 형용사인지 확인해서 술어 자리에 배열해야 하고, 그렇지 않은 경우엔 문장 끝에 보내면 된다. 이 문제에서는 '了' 앞이 명사이기 때문에 문장 끝으로 보내야 한다. 이 문장의 술어는 '出(나오다)', 목적어는 '太阳(태양)'이며, 시간에 관련된 명사 '今天(오늘)'은 문장 맨 앞에서 문장 전체를 수식한다. '终于(드디어)'는 부사로 술어 앞에서 술어를 수식해야 한다.

TIP　문장 맨 앞 부사어(시간) + 부사어 + 술어 + 목적어

越来越　　那个城市的　　变得　　好了　　环境

越来越 yuèláiyuè 图 점점 더 ~해지다 | **城市** chéngshì 명 도시 | **环境** huánjìng 명 환경

해설 '得'를 통해 정도보어 문장을 만들어야 한다는 힌트를 얻을 수 있고, 동시에 '得' 앞에 있는 단어가 술어라는 것도 알 수 있다. 주어는 '环境(환경)', '那个城市的(그 도시의)'는 명사밖에 수식하지 못하므로 주어 앞에 배열한다. 술어는 '变得(~하게 변하다)', 정도보어는 '越来越好了(점점 더 좋아지다)'이다. '越来越'는 '점점 더 ~해지다'라는 뜻으로 주로 문장 끝에 '了'를 호응하는데, 이때의 '了'는 변화의 의미이다.

TIP 관형어 + 주어 + 술어 + 정도보어

문제 74

书	着	四本	桌子上	放

단어 **着** zhe 조 동작의 진행, 지속 상태 | **本** běn 양 권 [책을 세는 단위] | **桌子** zhuōzi 명 책상, 테이블 | **放** fàng 동 놓다

해설 문장의 술어가 될 수 있는 단어는 '放(놓다)'이며 '着'는 동사 뒤에서 지속, 진행의 의미를 갖는다. 또한, 책에 대해 특정한 점이 언급되지 않았다는 것과 소유의 수식이 아닌 숫자의 수식을 받기 때문에 대상이 불명확하다. 따라서 이 문장은 존현문이라는 것을 알 수 있다. 존현문은 어떤 장소에 불특정한 대상의 존재, 출현, 소실을 나타내는 문장으로, 이때 주어 자리에는 장소가 온다.

TIP 존현문: 장소 + 술어 + 불특정대상

문제 75

怎么了	眼睛	丈夫的	你

단어 **怎么了?** zěnmele? 왜 그래? | **眼睛** yǎnjing 명 눈 | **丈夫** zhàngfu 명 남편

해설 '怎么了? (왜 그래?)'는 상태를 묻는 표현이다. 주어는 '眼睛(눈)'이며, 그 앞에 '你丈夫的(네 남편의)'를 놓아 주어를 꾸며준다.

TIP 관형어 + 주어 + 술어

쓰기 제2부분

문제 76

8月27 (^hào) 是我的生日，下午你们来我家吃饭吧。	8월 27일은 내 생일이야. 오후에 너희들 우리 집에 와서 밥 먹어.

단어 **月** yuè 명 월 | **号** hào 명 일 | **生日** shēngrì 명 생일 | **下午** xiàwǔ 명 오후

해설 앞쪽에 월을 의미하는 '月'와 숫자, 그리고 뒤쪽에 '生日(생일)'라는 단어가 있는 것으로 보아 빈칸에 날짜 표현이 들어간다는 것을 알 수 있다. 'hào'라는 병음에 '일'을 알려주는 단어는 '号'이다.

문제 77

这边太热了，我们去树下坐一（ ^huì ）儿吧。	이쪽은 너무 더워. 우리 나무 아래 가서 잠시 앉자.

단어 **这边** zhèbiān 대 이곳, 이쪽 | **热** rè 형 덥다 | **树** shù 명 나무 | **坐** zuò 동 앉다. 타다 | **一会儿** yíhuìr 명 잠시, 잠깐 동안

해설 빈칸 앞뒤에 있는 단어와 'hui' 발음을 가진 글자로 만들 수 있는 단어는 '一会儿'이다. 동사 뒤에 '一会儿'이 있을 경우 '잠시 동안 ~하다'는 의미로 쓰인다. 의미상으로도 잠시 앉자는 내용이 되면 적합하므로 정답은 '会'이다.

| 今晚的 （　　yuè　　）亮让我想家了。 | 오늘 저녁의 달은 나로 하여금 집이 생각나게 했다. |

단어 **今晚** jīnwǎn 명 오늘 저녁 | **月亮** yuèliang 명 달 | **让** ràng 동 ~하게 하다 | **想** xiǎng 동 생각하다

해설 관형어가 명사를 수식할 때 주로 쓰이는 '的'가 빈칸 앞에 있다는 점을 통해 그 뒤에 명사가 올 것임을 알 수 있다. 뒤를 보면 '亮'이 있는 것을 통해 정답은 '月'라는 것을 알 수 있다. '月亮'은 하늘에 떠 있는 달을 의미한다.

| 他 （　　gào　　）诉我，他姓张，今年20岁。 | 그는 나에게 그의 성이 장이고 올해 20살이라고 알려줬다. |

단어 **告诉** gàosu 동 알리다. 말하다 | **姓** xìng 명 성씨 | **岁** suì 명 살, 세

해설 빈칸 앞뒤로 주어와 목적어는 있지만 술어가 없기 때문에 빈칸에는 동사술어가 들어가야 한다. '诉'와 자주 짝지어 나오는 글자는 '告'로 '告诉'는 동사로 '알리다. 말하다'라는 뜻이다.

| 做选择时，最重要的是（　　zhī　　）道自己想要什么。 | 선택을 할 때, 가장 중요한 것은 자기가 무엇을 필요로 하는지 아는 것이다. |

단어 **选择** xuǎnzé 동 선택하다 | **最** zuì 부 가장, 최고 | **重要** zhòngyào 형 중요하다 | **知道** zhīdào 동 알다 | **自己** zìjǐ 명 자기, 자신

해설 빈칸 뒤에 '道'와 전체적인 해석을 통해 빈칸에 알맞은 단어는 '知'이다. '知道'는 알다라는 동사로 'zhī' 발음을 가진 다른 단어와 헷갈리지 않도록 주의하자.

MEMO

MEMO